BLV Garten- und Blumenpraxis

Peter Hans Nengelken

Gartenhäuser

planen, bauen, ausstatten

BLV Verlagsgesellschaft
München Wien Zürich

CIP-Kurztitelaufnahme der Deutschen Bibliothek

Nengelken, Peter H.:
Gartenhäuser: planen, bauen, ausstatten / Peter Hans Nengelken. – München; Wien; Zürich:
BLV Verlagsgesellschaft, 1986.
(BLV Garten- und Blumenpraxis; 339)
ISBN 3-405-13285-1

NE: GT

Bildnachweis:
Apel: 116, 120
Burda: 6, 37, 38, 79, 115, 117u, 118
Fehn: 71, 114, 116
Felbinger: 27, 72, 73, 98, 102r, 105, 117o, 119, 122u
Gaidt: 13, 15, 51, 67
Herkules: 12o
Köster: 55
Normstahl: 53
Ostermann und Scheiwe: 21, 25
Rosenthal: 9, 59
Salzberger: 12M, 66
Seeger: 23, 33, 93, 100, 109, 123
Sinicki: 35
Stangl: 2, 11, 12u, 29, 41, 43, 60, 69, 80, 82, 90, 112, 113
Stehling: 31, 87, 91, 94, 102l, 103, 121, 122o
3S: 16, 17, 62
Titelbild: Gaidt
Zeichnungen: Peter Hans Nengelken

BLV Garten- und Blumenpraxis 339

Gesamtherstellung: R. Oldenbourg, München

Printed in Germany · ISBN 3-405-13285-1

Inhalt

Einführung

Bedingt durch die immer dichter werdende Bebauung, steigende Grundstückspreise und die ebenfalls nicht sinkenden Baupreise, werden die Freiflächen rings um das Haus immer kleiner. Das trifft auch auf die Häuser und Wohnungen selbst zu. Wie man leicht feststellen kann, werden immer mehr platzsparende Reihenhäuser gebaut. Keller und Lagerräume, die nun einmal dringend gebraucht werden, werden auch immer kleiner und oftmals zweckentfremdet.
Aus dieser Situation heraus wurden vor Jahren erstmals, damals noch recht bescheidene, Gartengeräte-Häuser angeboten. Hier konnten dann Geräte, Garten- und Terrassenmöbel und sogar Fahrräder untergebracht werden. Damit wurde der Keller oder die Garage spürbar entlastet.
Die Zahl der Hersteller und Anbieter von Gerätehäusern, Spielhäusern, Partyhäusern aus Holz, Metall und anderen Materialien ist inzwischen riesengroß geworden. Bezeichnend ist auch, daß in den Katalogen der großen Versandhäuser schon mehrere Typen von verschiedenen Herstellern und unterschiedlichen Materialien angeboten werden. Dazu kommen dann noch die Gartencenter, Baumärkte, Verbrauchermärkte und nicht zu vergessen die vielen Hersteller, die ihre Erzeugnisse auf direktem Weg anbieten. Bei allen Vorüberlegungen sollte man immer daran denken, daß es auch in der eigenen Wohnung im Laufe der Jahre immer enger geworden ist. Man sollte also besser gleich ein größeres Haus ins Auge fassen. Beim Vergleich der vielen Angebote kann man davon ausgehen, daß manche Hersteller und Anbieter zu günstigen Endpreisen kommen wollen und gerne an einigen Stellen einsparen. Es gibt da beispielsweise Häuser ohne Fenster, manche Fenster werden ohne Glas angeboten, dann fehlen die Klappläden, andere Häuser haben einen zu einfachen Fußboden, oder die Lagerhölzer für den Boden werden bauseits verlangt. Unterschiedliche Wandstärken sind zu beachten, ebenso kann an der Dachausführung gespart werden. Je nach Hausgröße und nach Hausausstattung kommen da schnell höhere Beträge zusammen!
Mit dem Hauskauf allein ist es nicht getan. Es sind doch noch einige Überlegungen und Arbeiten erforderlich, um einmal das Haus aufzustellen und zum anderen, um den Gebrauchswert des Hauses wirkungsvoll zu erhöhen. Man denke nur an einen paßgenauen Innenausbau, einen festen Weg zum Haus, eine gepflasterte Terrasse, eine Windschutzanlage oder an einen offenen Kamin. Im Hausinneren gilt dies für die Wand- und Deckenverkleidungen, für die Herstellung eines Wandregals oder einer Bank. Es werden viele Ausbauarbeiten vorgestellt und der Bau ausführlich beschrieben.

Die Planung

Vorüberlegungen

Eines Tages stellt man mit Erstaunen fest, daß der Platz im Haus nicht mehr ausreicht. Das gilt nicht nur für den Keller, in dem plötzlich kein ordentlicher Platz mehr für die Fahrräder ist, sondern auch für die Wohnung, in der es aus unerfindlichen Gründen immer enger wird. Als drittes Moment kommt hinzu, daß man den Garten doch intensiver nutzen möchte. Intensiv nutzen heißt in diesem Fall nicht, auf wenigen Quadratmetern Bodenfläche möglichst viel Obst und Gemüse heranzuziehen, sondern mehr Natur zu erleben und den Garten als Wohnbereich zu nutzen. Es muß ja nicht gleich ein Schwimmbecken sein, ein Gartenhaus mit Dachvorbau und einer Terrasse ist bereits ein schöner Einstieg. Sicher haben Sie schon in Zeitschriften, Katalogen oder in Gartenbaubetrieben interessante Gartenhäuser gesehen.

Viele Anbieter und Hersteller
Die Zahl der Anbieter und Hersteller ist riesengroß. Dazu kommt die Tatsache, daß die Hersteller nicht nur einen Haustyp, sondern eine Vielzahl von unterschiedlichen Häusern anbieten: vom kleinsten Gerätehaus, in dem nur Gartengeräte und gegebenenfalls die Fahrräder untergebracht werden, bis zu Häusern mit einem Rauminhalt von 30 m^3. Diese Häuser dürfen durchweg noch ohne Baugenehmigung errichtet werden. Zu größeren Häusern wie Schrebergartenhäusern, Wochenendhäusern bis hin zu regelrechten Wohnhäusern soll in diesem Buch nichts gesagt werden.

Kataloge und Musterhäuser
Mit den Katalogen geben sich die Firmen viel Mühe. In den Katalogen wird, neben vielen Abbildungen, beispielsweise dargestellt, wie ein Typenhaus durch Verwendung zusätzlicher Teile wächst oder durch

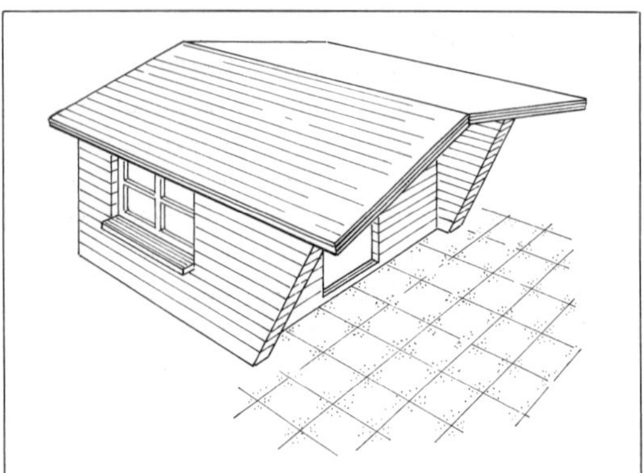

Blick auf ein schönes Gartenhaus mit vorgezogenem Dach. Die Seitenwände sind ebenfalls vorgezogen und geben dem Haus den besonderen Pfiff.

Gartenhaus mit vorgezogenem Dach und befestigtem Vorplatz.

verschiedene Anbauten vergrößert werden kann. Das Baukastensystem macht es den Firmen leichter, fast alle Größenwünsche zu erfüllen. Durch Serienfertigung können die Häuser und Sonderwünsche preiswert angeboten werden.

Besser als alle Bilder und technischen Beschreibungen sind selbstverständlich Musterhäuser. Hier bekommt man einen Eindruck vom Raum und den Größenverhältnissen. Wer sich nicht die Musterhäuser ansehen möchte, weil eventuell ein Verkäufer stören könnte, läßt sich Referenzadressen geben und versucht mit den Besitzern ins Gespräch zu kommen.

Unterschiede liegen im Detail

Vergleicht man einmal die aufwendigeren Blockbohlenhäuser und die einfachen, nur mit Brettern oder Platten verkleideten Häuser oder Geräteschuppen, so ist da schon ein gewaltiger Unterschied festzustellen. Auch die Gegenüberstellung eines Rundhauses und eines normalen Rechteckhauses bringt keine echten Vergleichsmöglichkeiten. Man muß also ehrlich sein und nur die vergleichbaren Häuser miteinander vergleichen. Es sind mehr oder weniger Kleinigkeiten oder hier und dort eine Besonderheit, welche die einzelnen Fabrikate voneinander unterscheiden.

Die Planung

Es gibt in allen Kategorien ganz schlichte, man kann fast sagen, Sparausführungen, aber auch in mehrfacher Hinsicht recht aufwendige Modelle. Das fängt schon bei den Fenstern an. Eine Einfachverglasung kostet natürlich weniger als eine Isolierverglasung. Stärkere oder isolierte Wände sind teurer als einfache. Die Aufzählung läßt sich beliebig fortsetzen. Sonderwünsche und die Zusatzausrüstungen werden im Katalog erwähnt und im Angebot aufgeführt, von anstehenden Mehrkosten erfährt man früh genug! Sie müssen selbst vergleichen, mehr kann nicht gesagt werden.

Welche äußere Hausform?
Vor übertriebenem Schnick-Schnack sei gleich zu Anfang gewarnt. Ein Haus ist in erster Linie ein Gebrauchsgegenstand und sollte materialgerecht verarbeitet werden. Ansonsten verteuert sich das Haus ganz erheblich, und sinnvoll sind die vielen Verzierungen auch nicht. Gegen schicke Häuser soll hier auf keinen Fall etwas gesagt werden, nur sollte man sich vor Übertreibungen hüten. Lieber einige praktische Zusätze, wie z. B. Wandisolierungen, oder ein Ziegeldach anstelle einer Dacheindeckung aus Bitumenpappe. Eventuell gibt man das Geld auch für einen Wasseranschluß aus. In den Katalogen werden viele nützliche Zusatzangebote gemacht, welche den Wert des Hauses erhöhen.

Der Standort

Wenn es um den Standort geht, sollten zunächst einmal die amtlichen Vorschriften beachtet werden. Dazu gehören auch die Grenzabstände. Zu diesem Thema wird noch recht umfassend etwas gesagt, aber es gibt noch einige Punkte, auf die man achten soll, das Haus soll schließlich ein Leben lang an gleicher Stelle stehen bleiben.

Die Himmels- und Windrichtung
Denken Sie daran, daß Sie doch möglichst viel Sonne genießen wollen. Der Hauseingang soll z. B. schon einmal in die südliche Richtung zeigen. Das wird sich nicht immer machen lassen. Eine Süd-Ost-Richtung mit mehr Morgensonne oder eine Süd-West-Richtung mit mehr Abendsonne ist immer noch zu vertreten. Obwohl auf allen Bauzeichnungen ein Nordpfeil eingezeichnet ist, sollte man sich die Mühe machen, am vorgesehenen Standort zu prüfen, wie die Schatten- und Sonnenverhältnisse wirklich aussehen.
Die Hauptwindrichtung ist ebenfalls über einen gewissen Zeitraum zu beobachten, denn man möchte doch ein ruhiges Plätzchen haben. Man denke in diesem Zusammenhang nur an eine Grillstation oder ein qualmendes Holzfeuer. Gegen den Wind kann man sich durch Schutzwände oder durch eine dichte Bepflanzung schützen.

Die Lage innerhalb des Gartens

Ein schönes Gartenhaus mit entsprechender Umgebung entwickelt sich ganz sicher zum herausragenden Blickpunkt des Gartens, den man nicht zu verstecken braucht. Auch für die Verständigung von Haus zu Haus ist der Sichtkontakt sehr nützlich. Dies gilt besonders für den Fall, daß Kinder das Haus als Spielhaus oder die Terrasse als Spielplatz benutzen. Es spricht vieles für eine freie Sicht zum Gartenhaus. Möchte man allerdings nur von Bäumen und Sträuchern umgeben sein, muß man das Häuschen dahinter verstecken. Büsche und Bäume bieten dann gleichzeitig noch einen hervorragenden Windschutz.

Daß der Untergrund trocken liegt und für das Haus nicht ausgerechnet die tiefste Stelle im Garten ausgesucht wird, ist eigentlich eine Selbstverständlichkeit. Bei den heute üblichen Gartengrößen sollte das Haus mit seinen Nebenanlagen auch nicht den Garten zerteilen. Es ist sicher besser an einer Randzone aufgehoben. Nach Absprache mit den Nachbarn kann es sogar direkt an die Grenze gebaut werden. Es geht ja nicht nur um die 10 oder 12 m², die für das Haus gebraucht werden, mehr Fläche benötigen die Dinge, die um das Haus herum entstehen sollen. Bereits in diesem Zusammenhang sollte auch überlegt werden, wie die Wege zum Haus am günstigsten geführt werden.

Gartenhaus mit eigenwillig gestaltetem Giebel.

Verschiedene Häusertypen

Gerätehaus

Die ersten Gedanken zum Bau eines Gartenhauses zielen sicher dahin, den Keller und die Garage zu entlasten und Gartengeräte unmittelbar im Garten, wo sie gebraucht werden, unterzubringen. Deshalb denkt man im ersten Augenblick auch nur an ein Gerätehaus. Gartengerätehäuser sind manchmal nur 3–5 m² groß. Sie können daher auch an einem untergeordnetem Platz und versteckt hinter Bäumen und Sträuchern aufgestellt werden.

Trotzdem ist es gut, einen kleinen befestigten Vorplatz und einen festen Weg anzulegen, da diese Strecke sicher oft begangen oder befahren wird. Ein Trampelpfad ist kein Dauerzustand und sieht meist unordentlich aus. Das Haus könnte z. B. in der Nähe des Komposthaufens stehen, damit die Rasenabfälle schnell wegzuschaffen sind.

Geräte- und Gartenhaus
Der nächste Schritt wäre eine Kombination von Geräte- und Gartenhaus. Man kann es auch anders sehen: Man schafft sich einen Aufenthaltsraum mit einem abgeteilten Geräteraum. Es gibt für solche Zwecke Häuser mit einer zweiten Tür und abgeschlossenem Geräteteil. Manchmal ist nur eine Zwischenwand zu errichten, um das Werkzeug, etwas für sich abgeschlossen, unterzubringen. Eine zusätzliche seitliche Überdachung eignet sich als Schutzdach für das Kaminholz und zum Abstellen des Werkzeugs. Ob bei diesem Anbau alle drei Wandseiten offen bleiben, oder ob ein oder zwei Wände geschlossen werden, kann man sich aussuchen. Entsprechende Wände können später noch errichtet werden.

Oben: Erst auf den zweiten Blick als Metall-Gerätehaus zu erkennen.

Mitte: Dieser Rund-Pavillon wird sicher schnell zu einem Blickpunkt des Gartens.

Unten: Völlig in die Umgebung des Gartens eingebundenes Gartenhaus.

Schweres Blockbohlenhaus mit überdachtem Vorplatz.

Haus mit überdachtem Freisitz

Sicher kann man auch einen seitlichen offenen Anbau als Freisitz nutzen. In der Regel wird aber das Dach nach vorne vorgezogen, wenn ein überdachter Freisitz verlangt wird. Bei manchen Haustypen werden die Seitenwände in halber Höhe verlängert. Auch die Frontseite wird bis auf den Eingang geschlossen, damit man wirklich zugfrei sitzt. Man sitzt praktisch im Haus, aber doch in der freien Natur. Um eine zusammengehörende Einheit zu schaffen, wird der Fußboden aus dem gleichen Material erstellt wie der Boden innerhalb des Hauses. Von diesen Haustypen werden sehr schöne und interessante Lösungen angeboten.

Rundhaus oder Pavillon

Eine Klasse für sich sind die Sechseck- oder Achteck-Häuser. Sie sind insbesondere als Gartenschmuck- und als Gartenblickpunkt anzusehen. Gleich mehrere Hersteller bieten diese etwas aus dem Rahmen des Üblichen fallenden Häuser an. Das schöne an der Sache ist, in den Häusern hat man auch noch ausreichend Platz. Durch die spezielle Bauweise sind, für angemessene Preise, auch noch viele individuelle Wünsche erfüllbar. Das gilt für die Außenwände, für die speziell angefertigte Inneneinrichtung und für die Dachausführung. Zum Beispiel ist neben der einfachen Eindeckung aus Bitumenpappe eine Schindeldeckung möglich oder eine Reetdeckung, oder, wer es ganz exklusiv haben möchte, bekommt ein Kupferdach. Rundhäuser werden aus Holz oder Metall gefertigt. Bei den Metallausführungen fallen die großen Glasflächen auf, hinter denen an heißen Tagen für eine ausreichende Schattierung gesorgt werden muß.

Partyhaus

Wie man die Gartenhäuser auch nennen möchte, sie können für viele Zwecke hergerichtet werden. Kinder können darin im Sommer übernachten ebenso wie eine Bar, sogar fest eingebaut, aufgestellt werden kann. Gefeiert wird dann im Haus und getanzt vor dem Haus. Steht das Haus in der Nähe des Schwimmbeckens, können im Haus die Filteranlage und sonstige Armaturen untergebracht und eine Umkleideecke eingerichtet werden.

Kinderspielhaus

Wird das Haus oder ein abgetrennter Bereich als Spielzimmer genutzt, dürfte es einen gewissen Aufwand erfordern, um den Raum kurzfristig zu anderen Zwecken umzufunktionieren. Besser ist da schon ein dem Alter und den Bedürfnissen der Kinder angepaßtes Haus mit entsprechenden Außenanlagen wie Schaukel und Sandkasten. Solche Häuser samt Spielplatzzubehör werden neben Pergolen, Sichtschutzwänden, Palisaden bis hin zum Holzpflaster angeboten.

Material und Bauausführung

Das Angebot ist mehr als überwältigend. Diese Bemerkung ist schon angeklungen und wird im Verlauf immer deutlicher. Nicht nur verschiedene Hersteller auch die vielen Materialien und Materialkombinationen kommen ins Gespräch. Da die Preisvorstellungen der Anbieter recht dicht beieinander liegen, entfällt auch dieses Entscheidungskriterium weitgehend. Dennoch, der Teufel steckt im Detail. Man sollte auf keinen Fall nur nach der Hausgröße gehen, sondern nach der Verarbeitung der Einzelteile, nach den Holzstärken, den Materialen des Bodens, der Wände und des Daches sehen. Unbedingt nötige Ergänzungsteile wie Fenster und Türen müssen sorgfältig untersucht werden. Nach diesen Vorprüfungen geht es nun darum, aus welchem Material das Haus eigentlich gebaut werden soll.

Holzhäuser

Die meisten Gartenhäuser werden aus Holz hergestellt. Dem Holz geht der Ruf voraus, eine gewisse Wärme auszustrahlen, was wiederum Gemütlichkeit signalisiert. Rustikale Häuser werden oft gewünscht, und dieser Wunsch läßt sich fast nur durch die Verwendung von Holz realisieren. Holz kann auf vielfältige Arten verwendet werden und, was man nicht vergessen darf,

Großes und aufwendiges Gartenhaus mit zweiseitiger Terrasse.

es kann auch von Laien noch leicht bearbeitet werden. Man denke in diesem Zusammenhang an den weiteren Ausbau des Hauses. Das trifft auch für Sonderwünsche zu, die sich mit Holz sehr einfach verwirklichen lassen, ganz gleich, ob diese Sonderwünsche vom Hersteller oder in Eigenleistung durchgeführt werden. Was die Haltbarkeit angeht, so nimmt es Holz mit jedem anderen Werkstoff auf. Man denke nur an die Druckimprägnierung, welche die Lebenserwartung dieses Materials wesentlich verlängert. Was die weitere Pflege angeht: auch alle anderen Materialien müssen gepflegt werden.

Metallbauten

Während die Gartenlauben schon immer aus Holz oder Stein errichtet wurden, sind die ersten Gerätehäuser aus Metall gefertigt worden. Den Begriff Gerätehaus gibt es übrigens noch gar nicht so lange. Diese Häuser entstanden mehr oder weniger aus einer gewissen Notsituation: ein Gartenhaus wurde nicht benötigt, man brauchte aber unbedingt einen Platz für Gartengeräte, Rasenmäher und Gartenmöbel eventuell auch noch für die Fahrräder. Die Situation wurde von der Industrie schnell erkannt und es kamen recht preiswerte, kleine Gartenhäuser auf den Markt. Durch

Fast nicht als Steinhaus zu erkennen.

eine spezielle Fertigung, die auch dem Material entsprach, konnten die Metallhäuser günstiger angeboten werden als gleichgroße Holzhäuser. Diese zweckgebundenen Gerätehäuser sind aber auf keinen Fall mit Gartenhäusern, in denen man sich aufhalten kann, zu vergleichen. Da die Gerätehäuser auch sehr klein sind, entstehen keine statischen und keine Transportprobleme, von Montageschwierigkeiten ganz abgesehen. Inzwischen sind diese Häuser weiterentwickelt worden: Sie sehen besser aus, werden in größeren Ausführungen geliefert, sind je nach Hersteller und Fabrikat mit Drehtüren oder Schiebetüren ausgerüstet, haben Fenster und sogar ein Vordach. Die Montage dieser Häuser ist oft in zwei Stunden geschehen.

Häuser aus Betonfertigteilen

Es gibt Gartenhäuser aus vorgefertigten Betonteilen, man will es kaum glauben. Wer annimmt, diese Häuser könnten nur mit einem Kran montiert werden, wird angenehm überrascht sein, denn für den Aufbau werden nur zwei Personen benötigt. Wenn man einmal vom Dach und den Fenstern und Türen absieht, besteht das Haus nur aus senkrechten Pfosten und Wandelementen, die mit diesen Pfosten ver-

Gartenhaus aus Betonelementen.

bunden werden. Dank der durchdachten Grundkonstruktion lassen sich auch bei diesen Haustypen viele individuelle Gestaltungswünsche erfüllen. Was die äußere Ansicht angeht, so stellt man erst bei näherem Hinsehen fest, aus welchem Material das Haus besteht – also keine langweilige graue Betonarchitektur! Durch Montageclips können die Innenwände ganz nach Wunsch mit Holz verkleidet werden. Auch dem weiteren Ausbau steht nichts im Wege. Ebenso können alle möglichen Gerätschaften an den Wänden befestigt werden. Es besteht also auch da kein Unterschied zu anderen Baumaterialien.

Element- oder Tafelbauweise

Diese beiden Begriffe im Montagebau unterscheiden sich kaum. Man kann sagen, daß beispielsweise eine Seiten- oder eine Stirnwand aus 2, 3 oder mehr Einzelelementen bestehen kann, oder die ganze Wand wird als Einzelteil geliefert. In diesem Fall spricht man dann von der Tafelbauweise, obwohl man solch eine Wand auch als Element bezeichnen kann. Wie dem auch sei, die Montagezeit wird durch die vorgefertigten und teilweise auch vormontierten Teile ganz erheblich verkürzt. Das kommt gleichermaßen dem Hersteller wie auch dem zukünftigen Hausbesitzer entgegen.

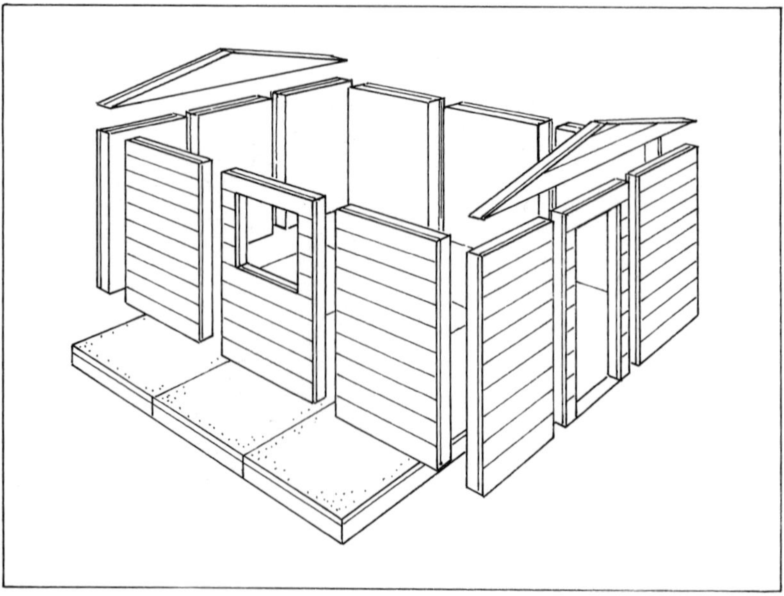

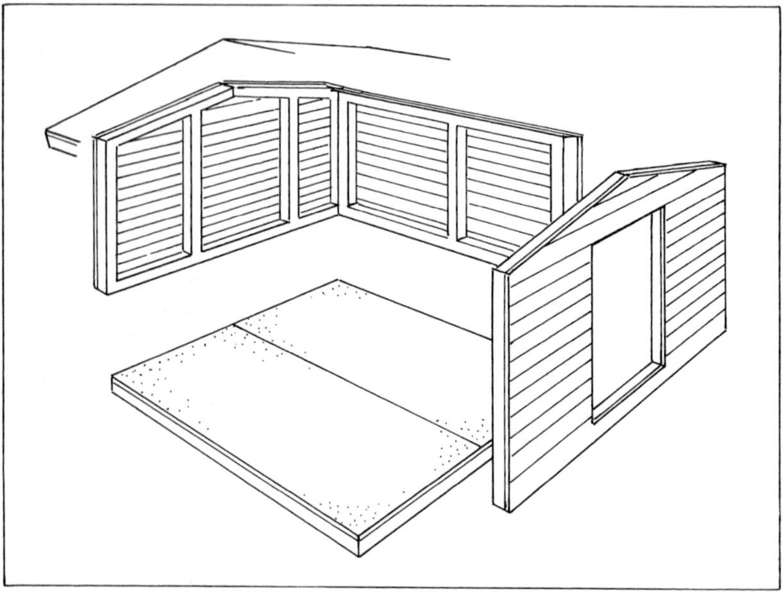

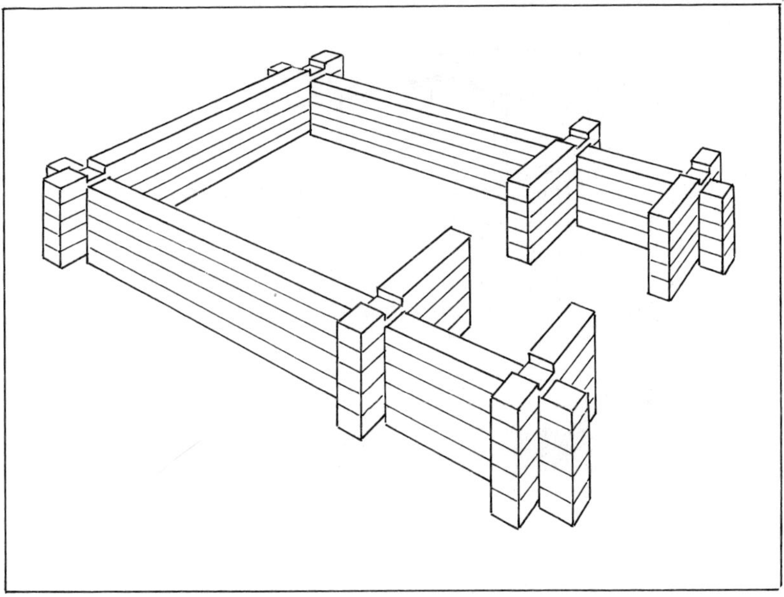

Oben: Blockbohlenaufbau. Hier ein Haus mit vorgebauter, im unteren Bereich von Wänden umgebener Terrasse. Man erkennt leicht, wie aufwendig die Herstellung und Montage ist. Ob aus Bohlen oder Rundstämmen, der Aufbau bleibt gleich.

Links oben: Die Zeichnung macht deutlich, wie viele Teile bei der Elementbauweise erforderlich sind. Diese Teile sind allerdings auch leicht zu bewegen. Der Bausatz enthält alle Zubehörteile.

Links unten: Gartenhaus, hergestellt in der sogenannten Tafelbauweise. Manchmal sind nur 7 oder 8 Teile erforderlich. Die Montagezeit wird kürzer, die Einzelteile aber schwerer. Helfer sind immer willkommen.

Trotz dieser Herstellungsmethoden können fast alle Wünsche hinsichtlich der Innenaufteilung und der äußeren Gestaltung erfüllt werden. So können auch unterschiedliche Dachformen und Dacheindeckungen möglich gemacht werden. Die Zusatzkosten fallen dabei kaum ins Gewicht. Natürlich ist ein Fenster- oder Türelement teurer als ein glattes Wandelement. Bei einer Musterbeschreibung wird später noch einmal etwas zu diesem Bausystem gesagt werden.

Blockbohlenbauten

Der Aufbau von sogenannten Blockhäusern ist mit den soeben geschilderten Herstellungsmethoden überhaupt nicht zu vergleichen. Hier wird Bohle für Bohle aufeinandergeschichtet, bis die gewünschte Raumhöhe erreicht ist. Man ist an kein Höhenmaß gebunden, denn mit 1 oder 2 zusätzlichen Bohlen bestimmt man seine Raumhöhe. Die Wandstärken sind sehr unterschiedlich, was sich im Endpreis auswirkt. So werden schon 32 mm starke Hölzer als Bohlen bezeichnet. Es geht dann über verschiedene Zwischenstärken von 40, 60 oder 90 mm hin zur sogenannten Rundstammbauweise. Diese Stämme haben einen Durchmesser von 120 mm oder 145 mm, sogar bis 170 mm und mehr. Hier fallen schon ganz beachtliche Holzmengen an. Die Bohlen sind im Verbindungsbereich jeweils mit einer Doppelnute und einer Doppelfeder ausgerüstet und können so absolut dicht zusammengesteckt werden. Die Rundstämme werden durch Holzdübel miteinander verbunden. Zusätzliche Dichtstreifen zwischen den einzelnen Stämmen sorgen für eine dichte Wand. Interessant sehen bei all diesen Blockhäusern auch die Eckverbindungen aus. Die Bohlen oder Stämme werden an den Ecken entsprechend ausgeschnitten und ineinandergesteckt. Von der Verarbeitung und vom Gewicht her, ist die Montage der Blockbauten sehr aufwendig. Schließlich sind die Wände je nach Ausführung, 10mal so stark wie eine einfache Profilholz-Verkleidung.

Baukastensysteme

Ganz gleich welchen Haustyp und welchen Hersteller man wählt, alle Häuser werden in mehr oder weniger großen Serien hergestellt. Anders wären sie gar nicht zu bezahlen. Es bleibt daher nicht aus, daß die verschiedenen Typen eines Herstellers nach dem Baukastensystem konstruiert werden. So können die Häuser wahlweise mit einem Sattel- oder Pultdach ausgestattet werden. Verlängerungen, Ergänzungen oder Anbauten sind ohne große Umbauten am bestehenden Haus leicht durchzuführen.
Abweichungen vom Standardmodell stellen keinen Hersteller vor Probleme. Auch noch nach Jahren können Teile nachgekauft werden, um ein zu kleines Haus zu vergrößern. Das sind die wesentlichen Vorteile des Baukastensystems.

Individuelle Herstellung

Das nach den eigenen Wünschen und Vorstellungen zu bauende Haus wird in jedem Fall ein teures Haus. Das ist weniger eine Frage des Materials als eine Frage der Lohnkosten. Besser ist es doch, sich aus dem Riesenangebot ein Haus auszusuchen und es durch zusätzliche Baumaßnahmen seinen Wünschen anzupassen. Ob Sie die Maßnahmen vom Lieferanten durchführen lassen oder selbst zu Hammer und Säge greifen, liegt ganz bei Ihnen. Viele Bauherren kaufen ein Haus in einfacher Ausführung und verwan-

Haus mit Abstellraum ▷

deln es durch Eigeninitiative in ein Prachthaus mit bester Innen- und Außenausstattung. Wichtig ist, daß man die entsprechenden Ideen hat, die notwendigen Arbeiten können dann von örtlichen Handwerkern oder in vielen Fällen vom Hersteller erledigt werden.

Verschiedene Dachformen

Bei der Gestaltung eines Gartenhauses denkt man zuerst an die Dachform, durch die ein Gebäude ganz wesentlich geprägt wird. Ansonsten hat man es im Normalfall nur mit einem quadratischen oder rechteckigem Baukörper zu tun, im Sonderfall auch mit Rundbauten oder Bauten mit 6 oder 8 Ecken, die man ebenfalls als Rundbauten bezeichnen kann. Neben dem Dach bestimmen mehr oder weniger große Fensterfronten das Gesicht eines Hauses. Es ist schon ein erheblicher optischer Unterschied, ob in der Giebelwand nur eine Türöffnung eingearbeitet ist oder die ganze Breite aus großen, fast raumhohen Fensterflügeln besteht, von denen sich zwei oder mehr auch noch öffnen lassen. So entsteht dann eine nahtlose Verbindung von innen und außen.

Pultdach oder Flachdach

Wenn man es ganz genau nimmt, ist auch das Flachdach ein Pultdach, denn eine, wenn auch geringe Neigung, hat sogar das Flachdach. Bei Gartenhäusern findet man kaum Flachdächer. Will man unbedingt den Eindruck eines flachen Daches schaffen, wird eine äußere Dachumrandung hergestellt, die eben genau waagrecht ausgeführt ist, während die Dachfläche geneigt ist. Übrigens reicht eine Neigung von 2% schon aus, um Regenwasser schnell abfließen zu lassen. Der Schnee hält sich natürlich viel länger auf solch einem Dach. Ein Pultdach hat ein stärkeres Gefälle, das meistens zur Rückfront hin abfällt. Zweckmäßigerweise sieht man hier eine Regenrinne vor, damit das Wasser nicht in ganzer Breite vom Dach herunterläuft. Das Regenwasser spritzt sonst auf den Boden und kann den unteren Bereich der Häuser stark durchnässen, somit einerseits zu einer Holzzerstörung führen, andererseits diesen Hausbereich durchfeuchten, was der Inneneinrichtung nicht bekommt. Das Wasser soll von der Rinne durch Fallrohre der Kanalisation oder Sammelbehältern zugeführt werden. Anstelle der Fallrohre kann das Wasser auch an Ketten herunterlaufen.

Satteldach

Wohl die meisten Gartenhäuser bekommen ein Satteldach. Die Unterschiede zum Pultdach liegen in der Dachneigung. So kann beispielsweise unter einem steileren Dach noch eine Lagermöglichkeit ge-

Gartenhaus mit Krüppelwalmdach.

1
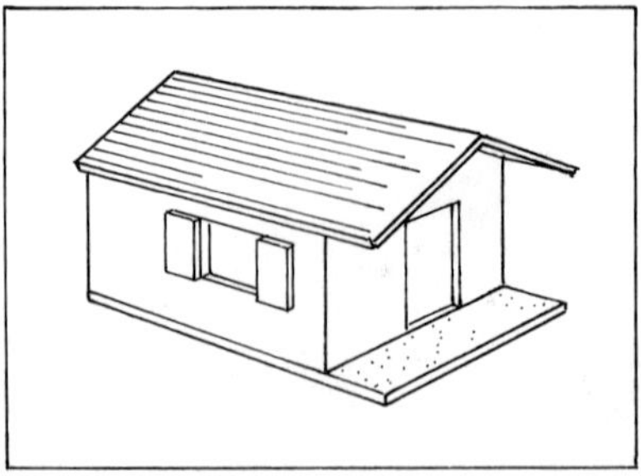

2
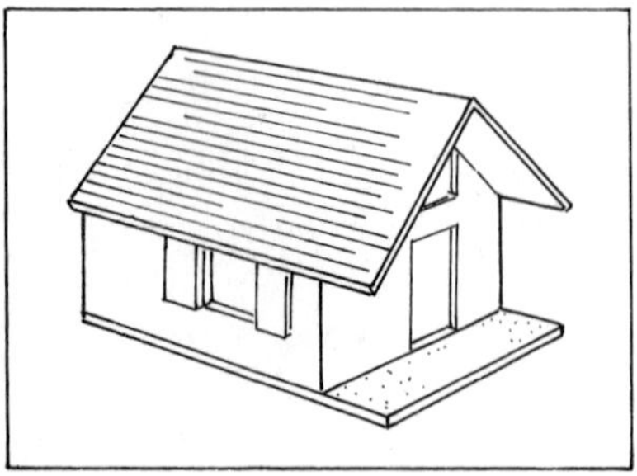

3
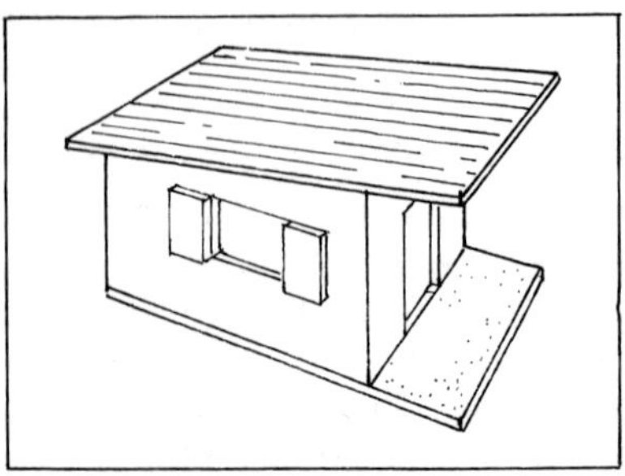

4
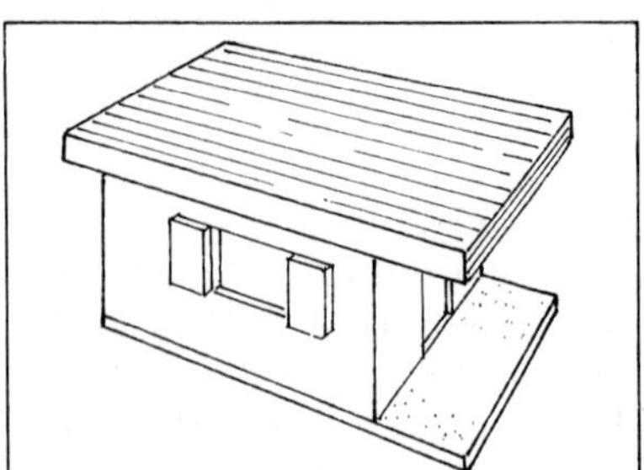

schaffen werden, die von innen her zugänglich ist. Es genügt eine Klappe, die in die Decke eingearbeitet ist. Beim Zugang von außen wird eine kleine Tür im Giebelbereich erforderlich. In diesem Speicherraum können sperrige Sachen wie Liegestühle oder Sachen, die nur sehr selten gebraucht werden, gelagert werden.
In den meisten Fällen werden die Häuser mit einem offenen Dachraum geliefert, man sieht also vom Innenraum die Dachschrägen und die Dachkonstruktion. Dieser Raum kann aber durch eine zusätzliche, glatte Decke geschlossen werden. Ob flachgeneigte oder steile Dächer gewählt werden, ist eine Frage des Geschmacks und der Einstellung. Flachere Dächer werden aber scheinbar bevorzugt. Bei Satteldächern ist, auch bei größeren Dachüberständen, eine Dachrinne erforderlich. Dies nur zur Erinnerung. Die Giebelpartien können durch besondere Maßnahmen noch betont und gestaltet werden, besonders Giebelbretter bieten sich dafür an.

Vorgebaute Dächer

Ein vorgebautes Dach mit einem darunter angelegten Freisitz wertet

1 Gartenhaus mit einem flach geneigten Satteldach.

2 Satteldach mit 45° Neigung.

3 Gartenhaus mit einem Pultdach.

4 Ein Flachdach kommt bei Gartenhäusern selten vor.

Geräte- und Gartenhaus mit überdachtem Sitzplatz. Dieses Haus könnte ebensogut mit einem flachgeneigten Dach geliefert werden.

das Haus als Aufenthaltsort stark auf. Bereits ein Haus ohne Freisitz, nur mit vorgezogenem Dach, wirkt schon viel größer. Der Freisitz sollte neben der Überdachung auch von den Seiten gegen Wind und Wetter etwas geschützt werden.
Dach, vorgezogene Terrasse und halbhohe Seitenwände werden mitunter kombiniert angeboten und bilden eine geschlossene Einheit.

Seitliche Überdachung

Will man aus irgendwelchen Gründen kein vorgebautes Dach, läßt sich in den meisten Fällen ein Dach auch zu den Seiten hin verlängern. Da man auf die nötige Kopfhöhe achten muß, sind flachgeneigte Dächer in diesem Fall besser geeignet. Bei Flach- und Pultdächern hat man in dieser Hinsicht überhaupt keine Probleme. Oft liegt der äußere Bereich etwas tiefer oder kann tiefer gelegt werden, und Überlegungen über die Kopf- oder Durchgangshöhe sind überflüssig.

Dacheindeckung

Bitumenpappe ist die einfachste Möglichkeit, ein Dach regendicht einzudecken. Farblich behandelte Pappen und Bitumenschindeln sehen etwas interessanter aus als die einfachen Dachpappen. In beiden Fällen ist ein fester Unterbau aus Brettern oder Spanplatten erforderlich, auf dem das Material befestigt werden kann. Auch Wellplatten aus den unterschiedlichsten Materialien sind sehr beliebt und sehen ganz ansprechend aus. Wellplatten werden auf ein Lattengerüst genagelt oder geschraubt. Richtige Dachziegel, die ebenfalls in verschiedenen Farbtönen angeboten werden, sind sicherlich am schönsten, vor allem für größere Flächen. Manche Hersteller bieten auch Schiefer- und Reeteindeckungen an, bei kleineren Flächen sollte man allerdings schon bei den zu Anfang genannten Materialien bleiben. Um die häßliche Unterschicht der Dächer zu verdecken, wird sie hinter einer Verbretterung oder eine Verkleidung aus Spanplatten versteckt.

Isolierung des Daches

Bei dem Dachausbau kann gleich eine Isolierung aus Styroporplatten oder Mineralfasermatten eingebaut werden. Wenn man das Gartenhaus etwas wohnlicher gestalten möchte, sollte man es auch isolieren. Die Isolierung schützt im Winter vor Kälte und im Sommer vor großer Hitzeentwicklung unter der Dachfläche. Nützlich ist auch noch eine zusätzliche glatte Decke. Der Dachraum sollte aber belüftet werden, damit es nicht zu einem Hitzestau kommt. Auch an die Schwitzwasserbildung ist zu denken.

Die Ausstattung

Ohne Möbel und ohne Ausstattung kann man sich auch ein Gartenhaus schlecht vorstellen. Manche Hersteller haben auch an diese Frage gedacht und bieten zumindest Tische und Stühle sowie die passenden Eckbänke bzw. Bänke an. Geschickte Heimwerker lassen sich die Chance aber nicht entgehen und bauen diese Möbel selber. Anleitungen zum Selbstbau werden noch vorgestellt. Bei den genannten Möbeln alleine bleibt es nicht, denn zur Möbelierung gehören auch Schränke, Regale oder Wandborde. Alle Sachen können auf Maß angefertigt werden, so daß von dem knapp bemessenen Raumangebot nichts verloren geht und jedes Eckchen ausgenutzt wird.

Der Fußboden

Durchweg besteht der Fußboden aus Holzmaterialien, genauer gesagt aus Bretterdielen oder Spanplatten. Da kommt schnell der Wunsch auf, diesen Bereich wohnlicher zu gestalten. Ein Teppichbelag, ob er aus Bahnenware oder einzelnen Fliesen besteht, ist zwar sehr schön, aber er sollte aus einem Kunststoffmaterial hergestellt sein, denn hier muß ja zumindest gelegentlich mit feuchter Luft gerechnet werden. Jeden Tag ist man nicht im Haus, eine Lüftung unterbleibt folglich, und schon nach kurzer Zeit entsteht ein unangeneh-

Von hier hat man einen guten Überblick. ▷

mer, muffiger Geruch, von der Gefahr der Schimmelpilzbildung ganz abgesehen. Gegen einen durchlaufenden Teppichboden spricht auch die Verschmutzungsgefahr, denn vom Garten wird an Arbeitstagen doch viel ins Haus getragen und dies trotz Fußmatte. Eventuell beschränkt man sich auf Einzelteppiche. Glatte Kunststoffböden sind selbstverständlich auch möglich. In beiden Fällen ist für einen planebenen Untergrund zu sorgen. Ein Bretterboden ist durch Spanplatten abzudecken, denn die Brettfugen werden durch den Belag sichtbar.

Gardinen und Vorhänge
Ein Fenster ohne Gardinen oder Vorhänge sieht meist sehr nüchtern aus. Vorhänge und Gardinen werden stets von einem leichten Luftzug bewegt, deshalb ist hier die Gefahr der Schimmelbildung nicht zu erwarten. Das gilt auch für die Vorhänge innerhalb des Raumes, beispielsweise vor dem Regal. Es bleiben nun noch die Kissen und Bezüge für die Stühle und Bänke übrig. Diese Flächen sind aber zu klein, um das Raumklima nachhaltig zu beeinflussen. Sollte das Haus während der Wintermonate längere Zeit nicht benutzt werden, dann ist es doch besser alle Stoffe in die Wohnung zu holen. Einmal müssen die Sachen gewaschen und gebügelt, eventuell sogar repariert werden. Dies ist dann die beste Gelegenheit dazu.

Wasseranschluß

Ein Haus ohne elektrisches Licht und ohne Wasseranschluß ist eigentlich kein richtiges Haus. Wasser wird auf jeden Fall im Garten benötigt, ob die Leitung nun zu einer Zapfstelle in irgendeiner Gartenecke geführt wird und von diesem Punkt die nähere Umgebung mit dem Schlauch versorgt wird oder ob diese Zapfstelle am Haus liegt, spielt kostenmäßig keine entscheidende Rolle. Wenn der Garten sehr groß oder lang ist, sind mehrere Zapfstellen auf jeden Fall anzuraten. Mit einem langen Wasserschlauch werden ja so leicht kleine Pflanzen umgerissen. Aber auch ohne diese Notwendigkeit ist es sehr praktisch, fließendes Wasser am Haus zu haben. Man denke an einen Teich, eine Brunnenanlage oder letztlich an einen Duschplatz, den man schaffen könnte. Auch ein Spülbecken im Haus ist eine nützliche Sache.

Dusche, Teich und Brunnen
Mit dem Bau des Duschplatzes schafft man etwas für das körperliche Wohlbefinden, denn eine Abkühlung ist an heißen Sommertagen sicher sehr gefragt. Ein Teich oder eine Brunnenanlage ist etwas, um die Umgebung nicht nur optisch aufzuwerten.
Wenn man an eine Zuleitung zum Haus denkt, darf man sich nicht an frühere Zeiten zurückerinnern, in

denen eine solche Wasserinstallation viel Arbeit bereitete. Heute geht alles viel einfacher. An die Stelle der verzinkten Rohre sind Kunststoffleitungen getreten, die beispielsweise nicht verschraubt, sondern geklebt werden. Mit Druckschläuchen lassen sich größere Entfernungen sogar nahtlos überbrücken. Nur Verteilerelemente und die eigentlichen Zapfstellen sind noch aus Metall. In einigen Bereichen, in denen man mit weniger Druck auskommt, werden auch schon Kunststoffe eingesetzt.

Frosttiefe beachten
Bei der Rohrverlegung sollte selbstverständlich immer noch die Frostgrenze, die hier mit 80 cm angenommen wird, beachtet werden. Mancher wird nun sagen: Was nützt die beste Frostgrenze, denn irgendwo muß die Leitung aus der Erde herauskommen! Das stimmt auch, es ist daher unbedingt erforderlich, daß noch vor dem ersten Frost die Leitungen entleert werden. Um diese Zeit wird kein Wasser mehr im Garten benötigt, und der Betrieb im und um das Gartenhaus ist zum Erliegen gekommen. Eine vollkommene Rohrentleerung ist nur an der tiefsten Stelle möglich. Deshalb sollten die Leitungen bis zur letzten Zapfstelle hin immer ansteigen. Der tiefste Punkt liegt dann im Keller des Wohnhauses oder an einer sehr tief gelegenen Stelle im Garten.

Gartenpipeline
Die sogenannte Gartenpipeline besteht fast ausschließlich aus Kunststoffelementen, die ganz einfach zusammengesteckt werden. Die Montage ist also furchtbar einfach. Diese Anlage wird probeweise ausgelegt und dann etwas eingegraben. Hier muß aber auch das Wasser an der tiefsten Stelle abgelassen werden. Nebenbei, man muß sich genau merken, wo die Leitungen verlegt wurden, damit nicht bei eventuellen Neuanpflanzungen die Rohre zerstört werden.

Entwässerung
Mindestens genau so wichtig wie die Wasserzuleitung ist die Ableitung des Wassers. Wenn eben möglich, sollte man versuchen, das Wasser, welches im Haus und am Duschplatz anfällt, in die Kanalisation abzuleiten. Dafür muß zwar eine Rohrleitung verlegt werden, aber man braucht sich dann auch um nichts mehr zu kümmern. Diese Leitung kann man selbst verlegen, wenn man versucht den Anschluß an die eigene Dachentwässerung des Wohnhauses herzustellen. Das nötige Gefälle läßt sich bei normalen Oberflächenverhältnissen leicht erreichen.

Versickerung
Dies ist die zweite Möglichkeit überschüssiges Wasser abzuleiten. Es kann ein Sickerschacht aus Beton gebaut werden, der keinen Boden

hat. Der Bodenbereich besteht aus einer ca. 20 cm starken Kiesschicht. Von diesem Sammelschacht aus können Dränagerohre in verschiedene Gartenbereiche verlegt werden. Durch diese Rohre versickert das Wasser langsam ins Erdreich. Man muß nur darauf achten, daß es bei langzeitigem, stärkerem Wasserzufluß nicht zu Versumpfungen in der Nähe des Hauses kommt.

Dachentwässerung

Das Regenwasser vom Dach sollte, wenn eben möglich, aufgefangen werden. Hier bieten sich verschiedene Möglichkeiten an. Einmal kann man durch Ableitungen, die in die Fallrohre eingebaut werden, das Wasser in einem Regenfaß sammeln, oder man läßt es unmittelbar in einen größeren Tank einlaufen. Dieser Tank wird in die Erde eingegraben und mit einem Überlauf ausgerüstet. Falls genügend Wasser anfällt, hat man immer den gleichen Wasservorrat. Der Rest muß gegebenenfalls in die Kanalisation abgeleitet werden. Die Tanks sollten vor einem Lichteinfall geschützt werden, damit es nicht zur Algenbildung kommt.

Elektroanschluß

Strom bzw. elektrische Energie wird heute in immer größerem Maße auch im Garten gebraucht. Sei es für die Beleuchtung oder für die Gewächshausheizung oder für den Betrieb von Pumpen, welche die Wasserförderung einer Springbrunnenanlage übernehmen. Warum dann nicht auch Strom für die Hausbeleuchtung bereitstellen? Neben der Haus-, Terrassen- oder Teichbeleuchtung ist auch noch an die Heizung zu denken. Zumindesten Heizstrahler, die für eine gewisse Übergangszeit angenehmere Verhältnisse schaffen, sind sehr nützlich. Denken Sie bei dieser Gelegenheit auch an mehrere Innen- und Außensteckdosen!
Elektroarbeiten sollten grundsätzlich vom Fachmann ausgeführt wer-

Sehr schöne, natürlich angelegte Teichanlage in der Nähe des Gartenhauses.

den. Der legt auch fest, was an besonderen Absicherungen benötigt wird. Bei der Leitungsverlegung im Erdreich sollte ca. 10–20 cm oberhalb der Leitung ein sogenanntes Trassenwarnband verlegt werden. Das Trassenwarnband ist ein Kunststoffstreifen aus einem auffällig buntem Material. Eine Steinlage oberhalb des Kabels verlegt, erfüllt den gleichen Zweck. Weiter ist es angebracht, über den Verlauf aller Leitungen, die im Garten verlegt werden, einen Plan anzufertigen und ihn zu den übrigen Bauakten zu legen. So weiß man bei späteren Änderungen, bei Neuanpflanzungen und bei Schadensfällen immer, wo die Leitungen zu finden sind.

Amtliches und Bauvorschriften

Auch innerhalb seiner Gartengrenzen darf man nicht in jedem Fall machen, was man will. Wenn auch die Baubehörden nicht einschreiten, weil sie von der inzwischen durchgeführten Errichtung eines Gartenhauses nichts wissen, so ist es nicht ratsam sich darauf zu verlassen. Schließlich gibt es neben den vielen guten Nachbarn auch mal einen, den das laute Treiben rings um das Partyhaus stört, und der deshalb eine diesbezügliche Nachricht an den Bürgermeister oder das Bauamt schickt – schon muß das Amt tätig werden und zumindest eine Überprüfung vornehmen. Es ist deshalb nicht verkehrt, daß man genau weiß, wen man fragen muß und wann für ein Vorhaben eine Genehmigung nötig ist. Um es vorauszuschicken: so einengend sind die Vorschriften gar nicht.

Einige Begriffserklärungen

Hat man irgendwelche Bauabsichten, so sollte bekannt sein, was bauliche Anlagen laut Gesetz überhaupt sind. Nachfolgend einige Sätze aus der Bauordnung.

»Bauliche Anlagen sind mit dem Erdboden verbundene, aus Baustoffen und Bauteilen hergestellte Anlagen. Eine Verbindung mit dem Erdboden besteht auch dann, wenn die Anlage durch eigene Schwere auf dem Erdboden ruht oder auf ortsfesten Bahnen begrenzt beweglich ist oder wenn die Anlage nach ihrem Verwendungszweck dazu bestimmt ist, überwiegend ortsfest benutzt zu werden.«

Als bauliche Anlagen gelten beispielsweise auch Aufschüttungen und Abgrabungen sowie Stellplätze für Kraftfahrzeuge.

»Gebäude sind selbständig benutzbare, überdachte Anlagen, die von Menschen betreten werden können und geeignet oder bestimmt sind, dem Schutz von Menschen, Tieren und Sachen zu dienen.«

»Aufenthaltsräume sind Räume, die zum nicht nur vorübergehenden Aufenthalt von Menschen geeignet oder bestimmt sind.«

Rundhaus mit interessanter Vorplatzgestaltung.

So geht es dann weiter über Geschosse, Geländeoberflächen, usw. Hier ist nur das wiedergegeben, was für größere Gartenhäuser wichtig werden könnte.

Bis 30 m³ ohne Genehmigung
Das ist sie nun, die Grenzzahl, bis zu der keine Genehmigung für die Errichtung oder Änderung baulicher Anlagen und Einrichtungen erforderlich ist. Gartenhäuser mit ganz respektablen Abmessungen können also ohne behördliche Einschränkungen errichtet werden. Man muß auch den Gesetzgeber verstehen, der hier zum Schutz der Allgemeinheit eine Grenze gesetzt hat. Wie sähe es manchmal aus, wenn auf den verbleibenden Restflächen unserer immer kleiner werdenden Gärten noch Nebenhäuser entstehen würden. Anstelle einer am Haus angebauten Wohnung für die größer werdenden Kinder würde ein bewohnbares Gartenhaus mit allen technischen und sonstigen Einrichtungen entstehen. Wo würde das hinführen? Aber diesen Versuchungen ist gleich noch ein weiterer Riegel vorgeschoben worden, denn es kommen noch einige Einschränkungen hinzu, wieder zitiert aus der Bauordnung, die nun einmal beachtet werden muß.

Größenbemessung
Gartenhäuser welche den Rauminhalt von 30 m³ nicht überschreiten sollen, haben eine ungefähre Flächengröße von ca. 12 m². Je nach Raumhöhe, die hier mit 2,50 m angenommen wurde, sind sofort 30 m³ erreicht. Diese 12 m² entsprechen den Abmessungen von 3×4 m. Bei den Abmessungen von $3{,}5 \times 3{,}5$ m wird der Rauminhalt bei gleicher Raumhöhe schon leicht überschritten. Bei etwas niedriger Raumhöhe kann die Grundfläche etwas größer werden.
Beim Kauf des Hauses ist auf diese Punkte zu achten. Oft ist dem Besitzer ja auch nicht so sehr die Größe des umschlossenen Raumes wichtig, sondern die überdachte Freifläche oder Terrasse vor dem Haus.

Eine wichtige Einschränkung
Neben dem Rauminhalt des Gartenhauses bestimmt die Bauordnung aber auch, daß in diesem, nicht genehmigungspflichtigen Haus keine Aufenthaltsräume geschaffen werden dürfen. Im ersten Augenblick hört sich die Bestimmung etwas unsinnig an. Ein Haus und kein Aufenthaltsraum! Wie schon angedeutet, soll auf jeden Fall verhindert werden, daß hier ein wohnungsähnlicher Zustand geschaffen wird. Die Gartenhäuser können heutzutage so gut ausgestattet, isoliert und gedämmt werden, daß sich eine, wenn auch kleine und bescheidene Wohn- oder Übernachtungsmöglichkeit leicht schaffen läßt. Der überdachte Vorbau wird nach und nach auch geschlossen, und sehr schnell wäre die Einraumwohnung

Kaum noch als Gartenhaus zu erkennen.

wieder etwas größer. Man weiß ja selber, daß die Not oft recht erfinderisch macht. Da Versorgungsleitungen für Wasser und Strom sowieso vorhanden sind, ist die Versuchung das Gartenhaus schick auszubauen manchmal groß. Dazu verführt dann auch noch die versteckte Lage innerhalb des Gartens.

Weitere Vorhaben

Manchmal weiß man gar nicht, was alles genehmigt werden muß bzw. was genehmigungsfrei ist. So brauchen beispielsweise nicht überdachte Stellplätze bis zu 100 m^2 nicht genehmigt werden. Auch Pergolen, Klettergerüste sind frei. Gewächshäuser bis zu 4 m Firsthöhe sind frei, soweit sie einem land- oder forstwirtschaftlichen Betrieb dienen. Von Gartengewächshäusern, die in der Regel viel kleiner sind, ist dagegen nicht die Rede. Es steht aber auch an keiner Stelle, daß sie genehmigt werden müssen. Da kommt man schon gleich wieder zu den Glasbauten, besser gesagt, zu den modernen Wintergärten, ganz gleich, ob sie frei im Gelände stehen oder an eine Hauswand angelehnt sind. Hier ist eine feine Definition nötig, damit sie nicht als Wohnraum gewertet werden, sondern als Gewächshaus. Einige Stühle im Wintergarten aufgestellt, machen daraus noch keinen Raum zum dauernden Aufenthalt von Menschen, wobei die Betonung auf dem Wort »dauernd« liegt.

Im Zweifelsfall fragen

Die örtlichen Bauämter sind verpflichtet die Bauinteressenten zu beraten, und zwar kostenlos. Man braucht auch nicht zu befürchten, daß die Beamten den Fragesteller überwachen, um festzustellen, was der nun tatsächlich unternimmt. Tätig werden sie erst, wenn bei größeren Vorhaben ein Bauantrag eingeht oder wenn, wie angedeutet, aus dunkler Quelle eine Anzeige erstattet wird. Man kann sicher sein, daß neben der Beratung auch noch so manch guter Tip abfällt.

Welche Unterlagen

Will man eine solche Beratung, sollte man einen gültigen Lageplan, in dem auch alle Bauten eingezeichnet sind, wenn vorhanden auch den Plan des eigenen Hauses mitbringen sowie Prospektunterlagen des vorgesehenen Gartenhauses mit genauen Maßangaben und sonstigen technischen Daten. In die Pläne zeichnet man am besten schon mit einem weichen Bleistift den Standort des Gartenhauses ein.
Bei dieser Gelegenheit sollte man auf die erforderlichen Abstandsflächen zu den Nachbargrundstücken achten. Zwar darf man unter gewissen Umständen auch im unmittelbaren Grenzbereich ein Gartenhaus errichten, genauso wie das ja auch bei den Garagen der Fall ist, die unmittelbar an die Grenzlinie gebaut werden, trotzdem lohnt sich auch in diesem Fall eine Rückfrage.

Gespräch mit den Nachbarn

Es ist unumgänglich, sich auch mit seinen Nachbarn in Verbindung zu setzen, wenn es um die Aufstellung des Gartenhauses geht oder wenn sonst größere Baumaßnahmen im Gartenbereich durchgeführt werden sollen. Manchmal ist man direkt auf das Wohlwollen seines Nachbarn angewiesen. Man denke sich doch einmal folgenden Fall aus. Das Gartenhaus ist aufgestellt, die Terrasse plattiert, wobei man selbstverständlich die Himmelsrichtung beachtet hat, so daß die Sonne fast den ganzen Tag voll ausgenutzt werden kann. Eines Tages setzt nun der südliche Nachbar einige größere Obstbäume, die nach einiger Zeit soviel Schatten werden, daß die Sonnenterrasse kaum noch als solche zu bezeichnen ist. Bei einer freundschaftlichen Absprache wäre dies sicher zu vermeiden gewesen. Weiter denke man an den Lärm, der entsteht, wenn um das Gartenhaus herum rauschende Gartenfeste stattfinden. Wenn man einen empfindlichen Nachbarn hat, sind diese Feste frühzeitig zu Ende. Es sind ja oft die kleinen Dinge, welche das Leben erträglich oder unerträglich machen.

Gartenhaus mit Blumenschmuck. Die Möbel können im Haus verschwinden.

Bauanträge für größere Häuser

Für Häuser mit mehr als 30 m^3 Rauminhalt sind regelrechte Bauanträge, wie sie auch für ein viel größeres Wohnhaus gemacht werden müssen, erforderlich. Fast alle Herstellerfirmen, bieten für die von ihnen vertriebenen Haustypen die entsprechenden Baubeschreibungen, Bauzeichnungen und vor allen Dingen auch die statische Berechnung an. Da es sich um Serienerzeugnisse handelt, sind die einzelnen Typunterlagen auch schon bauaufsichtlich geprüft und genehmigt. Dies gilt, solange noch keine bundeseinheitliche Regelung besteht, zumindest für einige Bundesländer. In allen Fällen muß man aber den Bauantrag selbst stellen, unter Beifügung der erwähnten Unterlagen. Man sollte den Kauf eines solchen Hauses auch unbedingt von der örtlichen Genehmigung abhängig machen. Diese Klausel gehört in jeden Vertrag. Die seriösen Firmen gehen darauf auch ein.

Vorbereitende Arbeiten

Auch wenn man ein Fertighaus kauft und es aufstellen läßt, bleiben immer noch viele Arbeiten übrig, die man selber ausführen kann bzw. die man selbst ausführen sollte, weil doch alle diese sogenannten Nebenarbeiten erhebliche Kosten verursachen. Diese Arbeiten und ihre Kosten vorher zu erfassen, ist recht schwierig, da die örtlichen Gegebenheiten an jeder Baustelle anders sind. Einiges wird von den Unternehmern über einen Pauschalpreis angeboten, der einmal recht hoch und an anderer Stelle sehr günstig sein kann. Erforderliche Stundenlöhne der meist auswärtigen Monteure sind kaum noch zu bezahlen und sollten vermieden werden. Zur Ehrenrettung der Lieferanten muß an dieser Stelle aber auch gesagt werden, daß Stundenlohnarbeiten sehr ungern ausgeführt werden, da trotz der hohen Beträge die Firmen nicht viel daran verdienen können.
Da man ja selbst auch tätig werden möchte, spielt es keine große Rolle, daß man die doppelte oder dreifache Zeit für diese Nebenarbeiten benötigt. Wichtig ist letztlich die Tatsache, daß man Bargeld gespart hat und die Arbeit zufriedenstellend ausfällt.
Wie man sich leicht vorstellen kann, fallen besonders um das Haus herum viele Arbeiten an, die man selber erledigen kann oder die mit der Hilfe eines örtlichen Fachmanns ausgeführt werden können. Installationsarbeiten für Wasser- besonders aber für den Elektrobereich sollten auf jeden Fall von Fachleuten gemacht werden. Was nützt die billigste Elektroinstallation, wenn eines Tages durch einen Kurzschluß ein Brand entsteht. Wie die folgenden Ausführungen zeigen, fallen auch vor der Lieferung des Hauses noch viele Arbeiten an.

Der genaue Standort wird festgelegt
Nach den Vorgesprächen, die man mit den Nachbarn und eventuell mit dem Bauamt an Hand der Pläne geführt hat, geht es jetzt an die rauhe Wirklichkeit. Bei der Standortauswahl sind ja schon die wichtigsten Kriterien festgehalten worden. Man sollte sich daran halten. Sicher wird man niemals den ganz idealen Standort finden, aber es sollte versucht werden möglichst viele negative Punkte auszuschließen.

Nicht an der tiefsten Stelle bauen
Wichtig ist zunächst einmal, daß das Haus nicht an der tiefsten Stelle im Garten aufgestellt wird. Das Niederschlagswasser soll nicht zum Haus hinfließen, sondern genau den umgekehrten Weg nehmen. Wichtig ist dies auch für den Fall, daß eine Duschanlage am Haus oder in unmittelbarer Nähe des Hauses errichtet wird. Auch vom Dach her ist mit nicht unerheblichen Wassermengen zu rechnen. Es gibt zwar

Altes Gartenhaus völlig bewachsen.

verschiedene Versickerungsmöglichkeiten, ebenso kann ein Teil des Wassers in einem Behälter gesammelt werden, um es später für die Pflanzenbewässerung zu verwenden, und als letzte Möglichkeit bleibt immer noch die Abwasserleitung, aber das Haus sollte schon aus grundsätzlichen Erwägungen immer trocken stehen.

Große Bäume

Wenn man einen alten Garten besitzt, sind die Bäume in der Zwischenzeit schon recht groß geworden. Wenn dann in der Nähe eine Fläche von mehr als 12 m^2 bebaut wird, gibt es sicher Schwierigkeiten. Von optischen Gesichtspunkten einmal ganz abgesehen, werden die Wurzeln dem Fundament Schaden zufügen. Es kommt zu Verwerfungen und Rissen. Davon wird zwar das Haus nicht umstürzen, Wasserschäden werden auch nicht entstehen, aber das Ganze sieht eben nicht gut aus. Man denke auch an die Unebenheiten, die im Terrassenbereich entstehen können. Sie fallen wirklich ins Auge. Die weiteren Kriterien sind schon an anderer Stelle erwähnt worden.

Ein Probehaus bauen

Selbstverständlich sollte man nicht soweit gehen und das ganze Haus zur Probe aufstellen. Das wäre nun wirklich zu umständlich und zu kostspielig. Wenn man sich aber wirklich nicht vorstellen kann, wie sich ein Haus in die unmittelbare Umgebung einfügt, gibt es einfache, anschauliche Möglichkeiten. Wie wäre es, wenn man aus einigen Balken, Abfallhölzern und Dachlatten die äußeren Umrisse des Hauses darstellt. Die genauen Abmessungen sind aus den Prospekten bekannt. Man benötigt zwei Giebelansichten, welche dann durch einige Längslatten miteinander verbunden werden. Zweckmäßig ist es, die beiden Giebelfronten zuerst im Erdreich zu verankern und erst dann die Längslatten als Darstellung der Dachkanten anzunageln. In manchen Ländern wird so geprüft, wie sich ein Gebäude in die Landschaft und die nähere Umgebung einfügt und ob darauf überhaupt eine Baugenehmigung erteilt werden kann.

Mutterboden abheben

Mit dem vorhandenen Mutterboden sollte man immer pfleglich umgehen und ihn auch separat lagern, während das übrige Erdreich abgefahren wird oder an anderer Stelle für eine Auffüllung verwendet wird. Sind nur einige Löcher für ein Punktfundament auszuheben, kann man sich den Aufwand ersparen. Trotzdem muß das Gelände hergerichtet werden: Unter dem Haus oder dem Fußboden sollte das Erdreich entfernt, planiert und durch eine Kiesschicht ersetzt werden. Damit wird schon einmal die Erdfeuchtigkeit vom Haus ferngehalten. Auch wenn das Haus frei auf Punkt-

Leben vor dem Gartenhaus.

oder Streifenfundamenten steht, ist es gut, die Freiflächen zwischen den Fundamenten mit Kies oder Schotter aufzufüllen. Eine Verbindung zu den Lagerhölzern sollte aber vermieden werden. Zwischen den Hölzern des Holzbodens und der Schüttung muß die Luft immer frei zirkulieren können, sonst können sich in diesem Bereich Schädlinge einnisten, die auf Dauer auch einem imprägnierten Holz zu schaffen machen.
Dieser Freiraum ist natürlich auch ein idealer Unterschlupf für größere Tiere, die man aus begreiflichen Gründen nicht in seiner unmittelbaren Umgebung haben möchte. Gerade im Winter, also in der ruhigen Jahreszeit, wenn das Haus nicht benutzt wird, halten sich die ungeladenen Bewohner in diesem geschützten Bereich sehr gerne auf. Ein wirkungsvoller Abschluß sind sogenannte Kaninchengitter. Das ist ein ganz normales Drahtgeflecht, am besten verzinkt, welches an die Balken genagelt wird und möglichst tief ins Erdreich eingegraben wird. Dieses Gitter muß natürlich überall dicht anliegen, denn sonst kann man sicher sein, daß die Tiere sehr schnell einen Eingang gefunden haben. Alle Jahre sollte in dieser Richtung auch eine Überprüfung stattfinden. Auf der Zeichnung S. 47 ist dargestellt wie ein solches Gitter angebracht wird.

Teil eines Schnurgerüstes. In allen 4 Ecken einer Baugrube wird ein solches Gerüst aufgestellt und Verbindungsschnüre gespannt.

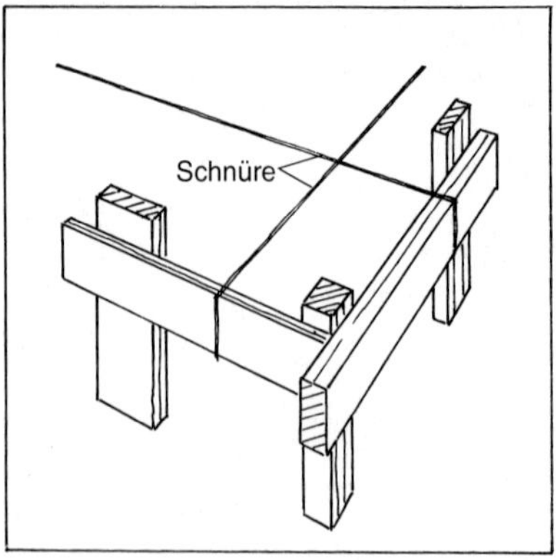

Einmessen

Auch wenn die Hausfläche nur 12 m^2 groß ist, wird das Fundament, ganz gleich für welche Ausführung man sich entschließt, genau rechtwinklig und genau in der Waagrechten liegend ausgeführt werden. In der Regel kommt ja noch eine Terrassenfläche dazu, so daß sehr schnell eine zu bearbeitende Fläche von 20 m^2 entsteht. Zu empfehlen ist es, bei dieser Gelegenheit auch den Unterbau der Terrasse zu betonieren, damit man für immer seine Ruhe hat und nicht schon nach wenigen Jahren Platten aufnehmen und neu verlegen muß. Man staunt immer wieder, wie sich auch ein gewachsener, fester Untergrund bewegt, wodurch es dann zu Absenkungen einzelner Platten kommen kann. Deshalb alle Vorarbeiten gleich mit der nötigen Sorgfalt und Genauigkeit ausführen!

Vom Gartenhaus ist kaum noch etwas zu sehen. ▷

Der Aufbau

Schnurgerüst
Um eine größere Fläche genau rechtwinklig einzumessen, ist die Herstellung eines Schnurgerüstes nötig. Wenn hier von größeren Flächen gesprochen wird, so sind damit die Grundfläche des Hauses, die Terrasse sowie angrenzende Bereiche gemeint, die ebenfalls rechtwinklig zum Haus oder zu einer anderen Begrenzung ausgerichtet werden sollen. Diese Schnurgerüste hat man sicher schon in den Baugruben zukünftiger Häuser gesehen. Mit Hilfe dieser kleinen Eckgerüste und gespannter Schnüre wird einmal der rechte Winkel und natürlich die Begrenzungen der Fundamente und der Grundmauern festgehalten. Eine Linie wird festgelegt, wobei man sich wie hier im Garten an einer Grenze oder einem anderen markanten Punkt orientiert. Wie das Schnurgerüst aussieht, ist ebenfalls zeichnerisch dargestellt.

Der rechte Winkel
Nur 3 Zahlen in der richtigen Reihenfolge angewendet sind nötig, um einen rechten Winkel festzulegen. An der bereits bestehenden Linie wird ein Punkt markiert der 60 cm von dem bestimmten Eckpunkt entfernt ist. Bei der zweiten Linie, die rechtwinklig aus der Ecke herauskommt, wird ein weiterer Punkt nach 80 cm markiert. Die Schrägmessung zwischen diesen beiden Punkten muß genau das Maß von 100 cm ergeben. Dann ist die Ecke genau rechtwinkelig. Man schiebt die zweite Linie die noch aus einer Schnur besteht so lange zurecht, bis das gewünschte Maß erreicht ist. So geht es dann weiter über die restlichen Ecken. Eine Überprüfung kann dann durch eine Diagonalmessung erfolgen. Hier müssen beide Maße übereinstimmen. Bei der Einmessung muß genauestens gearbeitet werden, nur dann gibt es später keinen Ärger und man hat mit Sicherheit ein leichteres Arbeiten. Bei größeren Bauten wird erst die Baugrube errichtet und dann genau eingemessen, in unserem Fall geht man den umgekehrten Weg.

Das Fundament

Wir unterscheiden zwischen Punktfundamenten, Streifen- und Ringfundamenten und der Betonplatte. Als Sonderfall käme dann noch das Fundament am Hang in Betracht, welches auf ganz spezielle örtliche Verhältnisse Rücksicht nimmt. Von der Wahl der Fundamente hängt ganz entscheidend ab, wieviel Aushub anfällt und wieviel Beton benötigt wird. Welches Fundament erforderlich ist, sagt in erster Linie der Hersteller des Hauses. Man kann aber durchaus auch anstelle der Einzelfundamente eine Betonplatte vorsehen, wenn man sich davon Vorteile verspricht. Gegen ein stärkeres Fundament wird keiner Einwände erheben. Wichtig ist letztlich

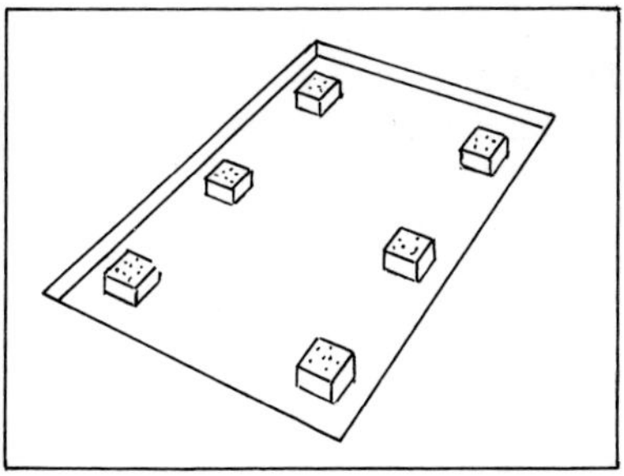

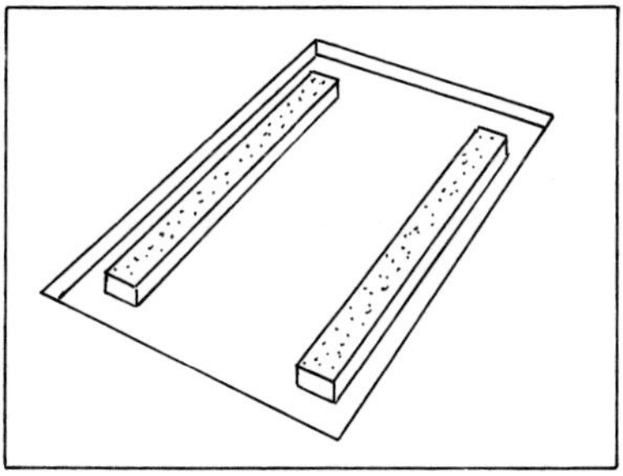

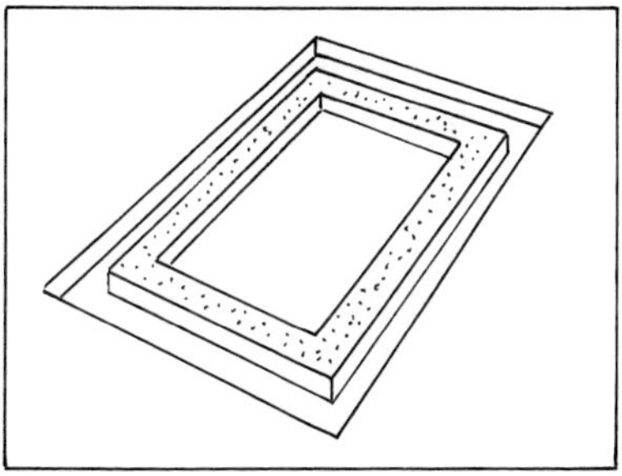

1 Punktfundament. Dieses Fundament kann aus kräftigen Platten oder betonierten Fundamenten bestehen.

2 Streifenfundament. Sehr einfach in der Ausführung. Wann die Anker eingesetzt werden, kommt auf die Verhältnisse an.

3 Ringfundament. In vielen Fällen sind die zusätzlichen Streifen nicht erforderlich.

auch die vorgeschriebene Stahlarmierung. Obwohl keine größeren Lasten zu erwarten sind, sollte eine Platte auf jeden Fall armiert werden. Die Mehrkosten sind unerheblich der eventuelle Nutzen aber groß: Man denke in diesem Fall an die Bildung von Rissen, bedingt durch drückende Baumwurzeln oder durch einen zu nachgiebigen Untergrund. Aufgeschütteter Boden kann sich noch nach Jahren setzen oder nachgeben.

Punktfundament

Am einfachsten herzustellen ist zweifellos das Punktfundament, zumindest wird dafür am wenigsten Beton benötigt. Wenn allerdings, bedingt durch die örtlichen Verhältnisse, für jedes einzelne Fundament eine eigene Verschalung angefertigt werden muß, sollte man doch auf ein in dieser Hinsicht einfacher herzustellendes Streifenfundament ausweichen. Je nach Größe des Hauses, einschließlich einer mit dem Haus verbundenen Terrasse, werden oftmals 6–8 oder noch mehr Einzelfundamente benötigt. Alle Oberkanten dieser Fundamente müssen genau die gleiche Höhe aufweisen und ebenso genau in der Waage liegen. Wenn man nämlich schon an dieser Stelle anfängt zu pfuschen und sich dann später mit Unterlegestücken behelfen will, nimmt das Unternehmen kein gutes Ende. Ob die Ankereisen, an denen später das Haus befestigt wird, gleich einbetoniert werden, entscheidet ebenfalls der Lieferant. Ansonsten sind entsprechende Öffnungen zu lassen, in die später die Anker einbetoniert werden. Die Öffnungen werden gebildet, indem Styroporstücke mit dem nötigen Umfang in den Beton gesteckt und später wieder entfernt werden. Ebenso kann man Flaschen in den weichen Beton stecken, die nach kurzer Zeit aus dem leicht abgebundenen Beton durch Drehbewegungen wieder herausgezogen werden. Den besten Zeitpunkt muß man hier durch Versuche selbst herausfinden.

Streifen- oder Ringfundament

Das Ringfundament unterscheidet sich von dem Streifenfundament nur durch die Tatsache, daß 2 oder mehrere Streifen an den Enden durch 2 Querstreifen miteinander verbunden werden. So entsteht ein umlaufender Ring. Praktisch werden die äußeren Zwischenräume zwischen den Streifen geschlossen. Tiere werden weitgehend davon abgehalten, sich unter dem Holzboden zu verkriechen. Trotzdem muß aber für eine einwandfreie Luftzirkulation gesorgt werden. Die Schutzgitter gegen Kaninchen können in diesem Fall bedeutend kleiner ausfallen als bei den Punktfundamenten und sind auch leichter anzubringen.

Da man die Innenkanten später ja nicht sieht, sollte man besonders die äußeren Umrandungen ordentlich ausführen. Die besten Schalbretter gehören also nach außen. Da der weiche und feuchte Beton sehr schwer ist und gegen die Verschalung drückt, sind ausreichende Halterungen und Versteifungen vorzusehen.

Betonplatte

Mit der Herstellung der Betonplatte hat man, was die Einschalung betrifft, die wenigste Arbeit. Dagegen ist bedeutend mehr Beton erforderlich. Den Materialbedarf kann man sich selbst schnell ausrechnen. Ausgangspunkt ist wieder die Grundfläche von 12 m^2, wobei es auf einige Zentimeter mehr oder weniger nicht ankommt. Bei einer Plattenstärke von 10 cm beträgt der Materialbedarf 1,2 m^3, bei einer Stärke von 15 cm gleich 1,8 m^3. Zu dünn sollte man die Platte nicht machen, denn es ist sicher besser, wenn jetzt etwas mehr Material und Schweiß investiert wird, als wenn man sich nach einiger Zeit über einen Riß ärgern muß. Eine Lage Baustahlmatten sollte zusätzlich eingelegt werden. Welche Mattenstärke hier am besten geeignet ist, sagt der Baustoffhändler. Ansonsten richte man sich nach den Angaben der Haushersteller.

Frosttiefe beachten

Wie tief der Fundamentgraben ausgehoben wird, hängt einmal weitgehend von der Bodenfestigkeit ab. Zumindest sollte die Frosttiefe ein-

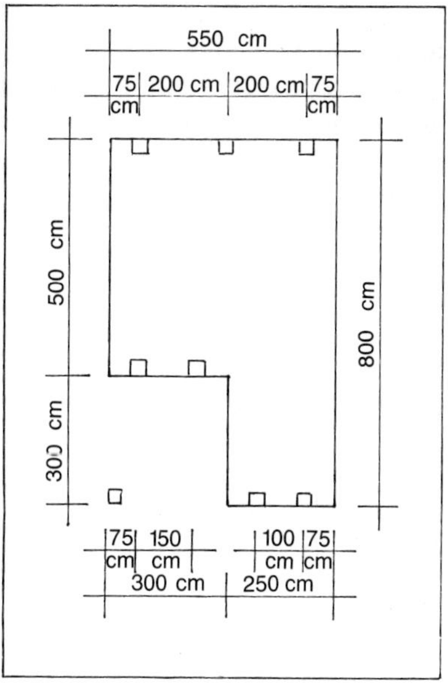

Draufsicht auf einen Fundamentplan. Alle angegebenen Maße müssen selbstverständlich eingehalten werden.

So wird das Kaninchengitter an Balken und Fundament befestigt. Es sollte möglichst tief in den Boden geführt werden.

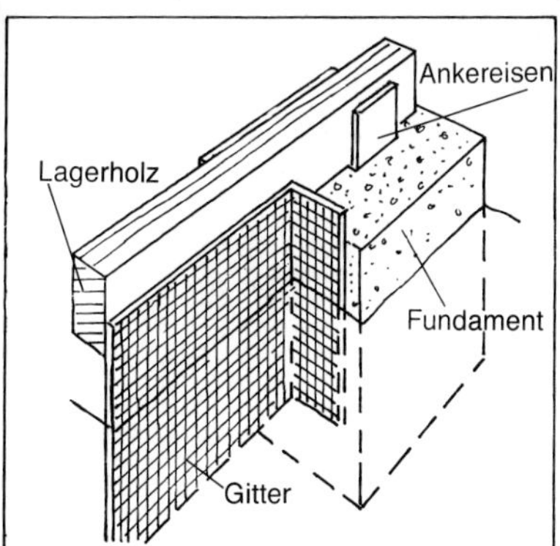

gehalten werden, die man in unseren Breitengraden mit 80 cm annimmt. Dieses Maß sollte auch bei allen anderen Fundamenten eingehalten werden. Man glaubt oft gar nicht, welche Kräfte frei werden können, die dann unsere Fundamente in Bewegung bringen, manchmal sogar anheben oder verschieben. Man sieht es ja oft genug an den Straßenaufbrüchen. Wer sich einmal etwas mehr dafür interessiert, wird feststellen, daß hier bezüglich des Unterbaues auch Fehler gemacht wurden.

Fundament am Hang

Bei einem flachgeneigten Gelände reicht es aus, den tieferen Teilbereich mit Kies aufzufüllen bis eine planebene und waagrechte Fläche entsteht. Mehr als 50 cm sollte man aber nicht ohne zusätzliche Stützungsmaßnahmen auffüllen. Hier muß eine Stützmauer errichtet werden, die über die Hausmaße hinaus verläuft. Zuerst wird der Fundamentgraben ausgehoben, dabei muß das oberhalb des Grabens lagernde Erdreich abgestützt werden. In den ca. 80 cm tiefen Graben wird zunächst ein etwas gröberer Fundamentbeton eingefüllt, allerdings auch eine Stahlbewehrung eingelegt. Die Oberfläche des Betons wird horizontal geglättet. Ob nun die eigentliche Stützmauer aus Steinen aufgemauert oder aus Beton hergestellt wird, muß man selbst entscheiden. Eine Betonwand muß

Der Aufbau

1

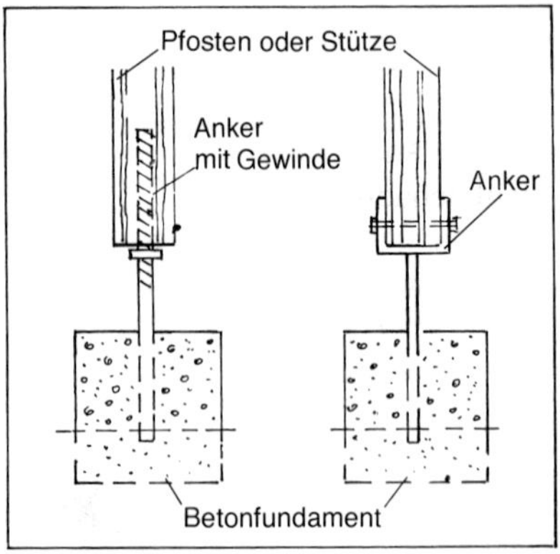

2

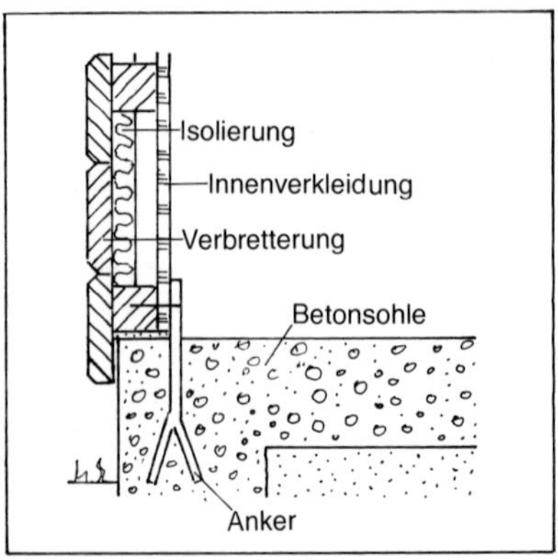

beidseitig eingeschalt werden, geht aber bedingt durch die Stahlarmierung eine bessere Verbindung mit dem Fundament ein. Eine Mauer wird aufgemauert und zumindest auf der nicht sichtbaren Seite leicht verputzt. Die äußere sichtbare Seite kann als Sichtmauerwerk gestaltet oder ebenfalls verputzt werden. Die Innenseite wird mit einem Bitumenanstrich isoliert, damit keine Feuchtigkeit in die Mauer eindringt. Deshalb auch der innenseitige Verputz. Danach kann die Auffüllung erfolgen, die, wie schon an anderer

1 Zwei Punktfundamente. Beim linken Beispiel kann durch eine Stellschraube noch ein Höhenausgleich erfolgen.

2 Bodenplatte mit seitlicher Verstärkung. Die Hauswand liegt unmittelbar auf der Platte auf.

3 Auf diesem Streifenfundament werden erst noch Lagerhölzer ausgelegt und an die Anker geschraubt.

4 Dieser Fußboden ruht auf Punktfundamenten. Schwere Lagerhölzer, darüber in engeren Abständen Querhölzer.

3

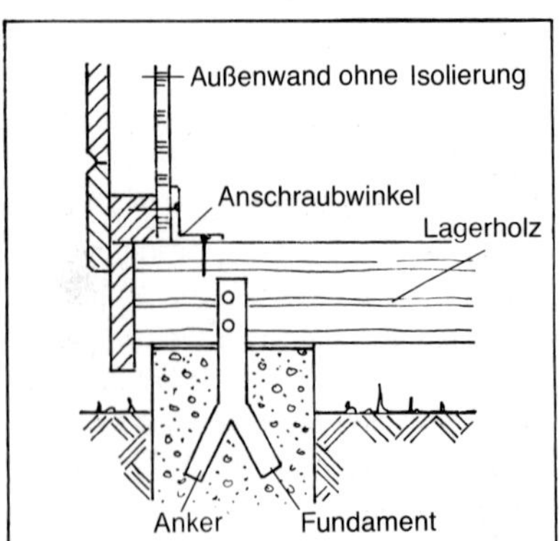

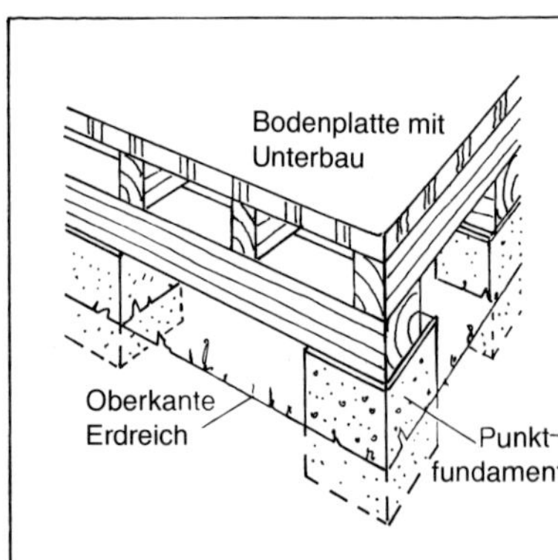

Stelle gesagt, gut gestampft werden muß, damit es nicht zu Schäden durch spätere Absenkungen kommt. Diese Absenkungen können sich noch nach Jahren bemerkbar machen. Die Seiten und übrigen Fundamente werden entsprechend dem Untergrund hergestelt.

Mit Fertigelementen arbeiten
Die zuvor beschriebene Abstützung einer Hanglage kann auch durch unterschiedlich geformte Fertigelemente erfolgen. Diese immer interessanter geformten, handlichen Betonelemente haben sich inzwischen durchgesetzt und sind zu einer echten Alternative gegenüber den konventionell errichteten Mauern geworden. Die Einzelteile können sogar bepflanzt werden, so daß die Wand nach kurzer Zeit schon nicht mehr als solche zu erkennen ist. Damit es nicht zu Unklarheiten kommt, es gibt auch Stützelemente in L-Form mit Schenkellängen zwischen 60 und 300 cm. Während die kleinen Teile noch von Hand versetzt werden können, ist für die größeren Stücke ein Flaschenzug und schweres Gerät erforderlich.
Heute kann man ja immer häufiger feststellen, daß die Bauteilhersteller auch den großen Markt der Heimwerker und Selbermacher entdeckt haben. Nur aus diesem Grunde ist es zu erklären, daß immer mehr Erzeugnisse angeboten werden, die der Heimwerker in Haus und Garten selber verarbeiten kann. Dazu gehören z. B. auch Böschungssteine oder andere Teile, die aus einem leichten Bimsbeton hergestellt sind, was der Festigkeit und Haltbarkeit nicht schadet. An Hand der Gewichtsangaben kann man überlegen, wieviel man sich in dieser Richtung zutrauen kann.

Betonherstellung und Betonverarbeitung

Was die Betonherstellung angeht, so gibt es auch wieder die zwei berühmten Wege. Einmal kann man sich den fix und fertig gemischten Beton direkt an die Baustelle kommen lassen oder zumindest in der Nähe abkippen lassen. Dies ist natürlich auch wieder mit Problemen verbunden, denn bei einem fertigen Garten wird kaum die Möglichkeit bestehen, mit einem schweren Spezialfahrzeug unmittelbar an die Baustelle heranzufahren. Läßt man den Beton vor dem Haus abkippen, muß man zuvor dafür sorgen, daß der Gehweg nicht verschmutzt wird. Ein einmal gebundener Beton läßt sich kaum entfernen. Zudem muß der Beton mit der Schubkarre zur Verwendungsstelle transportiert werden. Dies trifft für Zement und Kies auch zu; aber Beton ist feucht und damit bedeutend schwerer. Als letztes bleibt die Frage, ob sich wegen der 2, höchstens 3 m^3 eine Anlieferung überhaupt lohnt.
Hat man sich für die Selbstherstel-

lung entschieden, ist es sehr nützlich und zeitsparend, wenn man einen Mischer beschaffen kann. In vielen Orten besteht die Möglichkeit solche kleineren Mischer, mit Strom oder einem Benzinmotor angetrieben, auszuleihen.
Die Betonherstellung ohne diesen Mischer erfordert mehr Zeit und Muskelkraft, außerdem ist diese Mischung nicht so gleichmäßig verarbeitet wie eben im Mischer. Auf einen Sack Zement rechnet man 50–60 Schaufeln Betonkies. Dieser Kies darf einmal nicht zu feucht sein und muß eine Korngröße von 0–30 mm haben. Das bedeutet, die größten Kieselsteine sollten das Maß von 30 mm nicht überschreiten. Dies ist übrigens eine handelsübliche Maßangabe. Wenn man dem Kieslieferanten erklärt, was man mit dem Kies anfangen will, wird man beraten, bzw. es wird das richtige Material geliefert. Zement und Kies werden möglichst nah an die spätere Verwendungsstelle herangeschafft, damit nicht noch einmal weitere Wege zu fahren sind. Ein Wasseranschluß sollte ebenfalls in der Nähe sein, damit das Wasser nicht eimerweise geschleppt werden muß. Man schichtet einen Kieshaufen auf, wobei die 50–60 Schaufeln als Maß angenommen werden. In den so geschaffenen Kieshaufen wird eine Mulde geschaufelt und ein Sack Zement eingefüllt. Zement und Kies werden nunmehr durch mehrfaches Umschaufeln vermischt. Dreimal sollte mindestens umgeschaufelt werden. Man muß selbstkritisch genug sein und prüfen, ob der Zement wirklich gleichmäßig verteilt ist. Danach wird dem Zement-Kies-Gemisch Wasser zugegeben. Welche Mengen erforderlich sind, hängt von der Grundfeuchtigkeit des Kieses ab. Er sollte nicht zu feucht, auf keinen Fall zu einer Brühe werden. Etwas mehr als Erdfeuchte ist wohl die richtige Beschaffenheit. Während der Wasserzugaben ist die Mischung weiter durchzuschaufeln. Man sieht, es ist eine etwas umständliche Methode, aber wenn kein Mischer vorhanden ist, bleibt einem kaum etwas anderes übrig. Der Untergrund im Mischbereich sollte etwas festgestampft sein, denn auf keinen Fall dürfen Erdklumpen in den Beton geraten, da sie keine Verbindung mit ihm eingehen sowie die Festigkeit und Haltbarkeit gefährden.

Beton einfüllen

Über die Einschalungsarbeiten ist schon einiges gesagt worden, zudem bleibt es dem Hersteller weitgehend überlassen, wie er die Schalung errichtet. Wichtig allein ist das Ergebnis, welches nach dem Entfernen der Schalung sichtbar wird. Der Beton wird also Schaufel für Schaufel eingefüllt und mit einem handlichen Balkenstück im Fundament gestampft. Ein Fundament braucht nicht in einem Zug gefüllt werden, was ja auch oftmals

Ein Blockbohlenhaus mit seitlich überdachtem Anbau. Dieser Anbau ist offen, kann aber nachträglich geschlossen werden.

gar nicht zu schaffen wäre. Wichtig ist letztlich nur, daß die einzelnen Schichten möglichst waagrecht verlaufen. An der oberen Kante wird der Beton mit einem Brett gleichmäßig abgezogen oder mit entsprechenden Maurerwerkzeugen geglättet. Immer etwas mehr Beton einfüllen, damit man die Möglichkeit hat, durch etwas Druck für mehr Festigkeit und Dichtigkeit zu sorgen. Bei Streifen- oder Kleinfundamenten ist das Glattstreichen der Oberfläche kein Problem, da ja in kurzen Abständen Richtkanten vorhanden sind. Schwieriger wird es bei der Betonplatte. Man muß in den Betonbrei hineinsteigen und mit der Richtlatte für glatte ebene Verhältnisse sorgen. Entsprechende Kleidung und vor allen Dingen Stiefel sollte man bei diesen Bauarbeiten schon anziehen. Sollten trotz aller Bemühungen kleine Buckel oder Vertiefungen in der Betonplatte zurückbleiben, so ist dies auch kein Beinbruch. Durch den Holzfußboden wird alles überdeckt. Ähnlich wie bei den Fundamenten sollten auch gleichzeitig die Aussparungen für die Anker vorgesehen werden bzw. die Anker nach den Herstellerangaben eingesetzt werden. Werden weitere Öffnungen innerhalb der Platte beispielsweise für Elektro-, Wasser- oder Abwasserleitungen erforderlich, so sind die Leitungen auch vorher zu verlegen.

Der Aufbau

Anlieferung und Montage

Der Liefertag wird vom Speditionsunternehmen oder vom Hersteller einige Tage vorher bekanntgegeben. Fast alle Anbieter machen zur Bedingung, daß zur Hilfe beim Abladen eine oder sogar zwei Hilfskräfte gestellt werden. Außerdem soll das Lieferfahrzeug bis zur geplanten Baustelle fahren können. Bei einem fertig angelegten Garten oder bei einem hinter dem Haus liegenden Garten ist dies in den meisten Fällen nicht mehr möglich. Folglich wird das Material auf der Straße oder vor dem Haus abgeladen. Hier kann es natürlich nicht liegenbleiben, schon aus diesem Grund wird man für hilfreiche Hände sorgen. Bei dem Weitertransport soll aber schon für eine gewisse Ordnung gesorgt werden, damit nicht noch einmal alles umgepackt werden muß. Bei dieser Schlepperei macht es schon einen großen Unterschied, ob ein Haus aus Blockbohlen und vielen Einzelteilen besteht oder in Tafel- oder Elementbauweise mit nur wenigen Teilen angeliefert wird.

Kontrolle ist wichtig

Nichts ist unangenehmer und zeitraubender, als wenn bei der Montage auch nur ein einziges Teil fehlt. Da ja alles genau aufeinander abgestimmt ist, kann der so schön ausgerechnete Montage-Zeitplan ganz erheblich in Unordnung geraten. Telefonate sind erforderlich und dann dauert es immer noch Tage bis das Teil eintrifft. Deshalb heißt die dringende Mahnung, erst alles überprüfen und sich damit auch Zeit lassen, ehe man den Fahrer mit fürstlichem Trinkgeld nach Hause schickt.
Wenn Sie selbst den Durchblick über die vielen Teile verlieren, lassen Sie sich alles erklären und vorzählen, ehe Sie den Annahmeschein unterschreiben.
Beschädigte Teile sind sofort zu reklamieren! Sprechen Sie den Fahrer an, der eventuell mehr Druck ausüben kann, da er ja nicht ohne die Unterschrift nach Hause gehen darf. Auf ungenaue Zusagen sollte man sich auf keinen Fall einlassen, denn mit einem Berg von Holzteilen ist nicht viel anzufangen. Da die bekannten Firmen von zufriedenen Kunden leben, kann man sicher sein, daß vorkommende Pannen auch beseitigt werden.

Die Montage beginnt

Falls die Montage von firmeneigenen Monteuren durchgeführt wird, braucht man sich eigentlich nur um den Kasten Bier zu kümmern. Was über fehlende oder beschädigte Teile gesagt wurde, kann vergessen werden. Aktiv werden Sie erst wieder, wenn es zur Schlüsselübergabe kommt. Da Sie sich schon während der Montagezeit vom Baufortschritt überzeugt haben, werden auch eventuelle Schwachpunkte schon bekannt sein. Sind dies aber keine Fehler oder offensichtliche

An der Stahlgrundkonstruktion des Gartenhauses wird eine Holzverkleidung angebracht.

Das gleiche Haus. Von der Stahlkonstruktion ist nichts mehr zu sehen.

Mängel, dann steht der Abnahme nichts im Wege.

Selbstmontage
Bei der Selbstmontage kann man zwar viel Geld sparen, man hat aber auch eine Menge Arbeit vor sich. Die Montageanweisungen sind im allgemeinen klar und deutlich, so daß man wirklich nichts falsch machen kann. Handlanger und Hilfskräfte werden mit Sicherheit gebraucht.
Vor Montagebeginn sollte man sich die Anleitung sehr genau ansehen und sich mit den Besonderheiten vertraut machen. Die Arbeit wird sehr erleichtert, wenn alle Vorbedingungen, wie beispielsweise das genaue Einsetzen der Anker, erfüllt wurden. Die angegebene Reihenfolge des Arbeitsablaufs ist ebenfalls einzuhalten.

Markenerzeugnisse
Man weiß es aus vielen Bereichen des täglichen Lebens, daß man bei Marken- oder Qualitätserzeugnissen, auf lange Sicht gesehen, doch besser fährt. Ganz abgesehen von den Garantien, welche diese Firmen geben. Da es sich bei den Häusern und deren Ausstattung um Serienerzeugnisse handelt, kann man sicher sein, daß alle Teile gleichbleibend ausfallen und passen. Nur muß man berücksichtigen, daß Holz ein lebender Baustoff ist. Eine Rißbildung innerhalb einiger Holzstücke kann vorkommen, auch kleine festgewachsene Äste sind zu akzeptieren.

Spezialbeschreibungen

Ein Haus aus Blockbohlen

Diese Gartenhäuser werden aus Einzelbohlen, welche ineinandergesteckt werden, aufgebaut. Jedes Gartenhaus wird nach Angaben der Hersteller in der Fertigungshalle bis auf die Dacheindeckung aufgebaut und jedes Einzelteil fortlaufend numeriert. Dies garantiert eine absolute Paßgenauigkeit, welche dem späteren Erbauer sicher sehr entgegenkommt.

Holzschutz
Die profilierten Bohlen werden im Bereich der Einkerbungen einfach ineinandergesteckt. Durch die Nutungen sind die Wandungen absolut dicht. Zugerscheinungen, bedingt durch offene Fugen zwischen den einzelnen Bohlen gibt es nicht. Jede Bohle ist an den Ecken verzapft und verkämmt, so heißt der Fachausdruck.
Selbstverständlich ist das Holz mit einem Langzeit-Holzschutz behandelt, der es so vor Einwirkungen von Sonne, Regen und Feuchtigkeit, vor Schwamm und Pilzen, vor Insektenbefall sowie vor vorzeitiger Austrocknung und Rissebildung schützt. Gerade der letzte Punkt ist bei dieser starken Wanddimension sehr wichtig. Alles weitere zu den Häusern ist den fast bis ins Detail gehenden Baubeschreibungen, den Skizzen und Bildern zu entnehmen.

Zusätzliche Ausstattungselemente
Bemerkenswert sind auch immer wieder die vielen Ausstattungselemente für die individuelle Aus- und Umgestaltung. Es fängt an mit der Isolierverglasung für die Fenster und Türen, geht weiter über das zweischalige Dach mit innenliegender Isolierung, die Fußbodenisolierung, die Erhöhung der Innenraumhöhe um eine ca. 11 cm breite Bohle, bis hin zur Dacheindeckung mit besonderen Bitumenschindeln, zusätzlichen Fenstern, Türen und Klappläden. Dazu noch einige weitere Kleinigkeiten, welche den Wert des Hauses erhöhen. Sonderanfertigungen sind ebenfalls möglich, obwohl das Programm recht umfangreich ist.

Fundamente und Montage
Wie die Montage des Hauses wird auch die Fundamentherstellung zum Festpreis vom Hersteller übernommen, wenn man selbst keine Zeit für diese Arbeiten hat oder sich die Arbeit nicht so recht zutraut. Die Häuser sind aber so konstruiert, daß sie von Laien aufgestellt werden können. Außerdem ist da ja auch noch die ausführliche Montageanleitung.

Das Herstellungsprogramm
Es beginnt mit dem kleinsten Typ, der eine Nutzfläche von nur 4 m^2 hat. Für die Geräteunterbringung mehr als ausreichend. Sogar das

1

2

3

4

5

1 Montagebeginn eines leichten Gartenhauses. Alle Teile werden zusammengesteckt.

2 Das Haus nimmt Formen an. Links erkennt man schon die Fensteröffnung.

3 Das Fensterelement wird einfach zwischen die Bohlen geschoben. Die Fugen sind absolut dicht.

4 Hier werden die Giebelstücke aufgesetzt. Jetzt hat man eine Vorstellung von der Hausgröße.

5 Nachdem die Dachbalken aufliegen, kann eigentlich schon das Richtfest gefeiert werden.

Fahrrad findet hier noch seinen Platz. Die äußere Giebelhöhe beträgt 2,07 m.
Schon 2 m^2 größer ist das nächste Gartenhaus: Die Innenmaße liegen bei 2 × 3 m. Die Dachaußenmaße betragen 3,5 × 2,5 m. Den allseitigen Dachüberstand kann man sich leicht ausrechnen. Die Firsthöhe beträgt 2,18 m.
Es geht aber weiter mit einem Modell, welches durch einen Dachvorbau von 1,25 m auf eine Gesamtlänge von 3,55 m gebracht wird. Alle anderen Maße ändern sich nicht gegenüber dem Vormodell. Die so geschaffene, überdachte Terrasse besteht aus gehobelten Dielen. Dazu kommt dann noch eine Terrassenbegrenzung in gleicher Ausführung wie die übrigen Wandungen des Hauses.
Sehr interessant und praktisch ist auch das Gartenhaus mit einem seitlichen, überdachten Stellplatz für einen PKW, ein Boot oder was man sonst vor Regen, Wind und Wetter schützen möchte, sei es nur das Kaminholz. Das Haus hat die Innenmaße von 2 × 3 m und das Dach hat die Außenmaße von 5,44 × 3,09 m. An der niedrigsten Stelle ist dieses auf einer Seite verlängerte Dach noch 1,82 m hoch.
Weiter geht es mit einem quadratischen Haus von 9 m^2 Nutzfläche. Dieses Haus ist auch wieder mit einer überdachten Terrasse zu bekommen, die man auch selbst ausbauen kann.
Das nächst größere Haus hat eine Nutzfläche von 12 m^2. Es kann unter Einbeziehung der Terrasse auf 16 m^2 erweitert werden. Da der Rauminhalt dann aber über 30 m^3 steigt, wird eine Baugenehmigung fällig. Die Höhen gegenüber den Vormodellen ändern sich nicht. In diesem Haus, man kann es schon fast als Schrebergartenhaus nutzen, können bereits zünftige Gartenfeste gefeiert werden.
Natürlich finden sich, wie bei vielen anderen Anbietern auch, weitere größere Häuser im Fertigungsprogramm, die teilweise auch in der Ausstattung immer aufwendiger werden. Diese Häuser sind dann tatsächlich zum dauernden Aufenthalt ausgerüstet, und in ihnen läßt es sich wohnen und leben. Sie haben neben einem großen Wohnraum einen Schlafbereich, WC und weitere Nebenräume. Sie fallen daher mehr unter den Begriff Ferien- oder Wochenendhäuser und sind wohl nichts für einen kleineren Garten. Da der Rauminhalt mit Sicherheit weit über 30 m^3 liegt, ist eine Baugenehmigung erforderlich.

Baubeschreibung

In einer Baubeschreibung wird angegeben, aus welchen Materialien das Haus hergestellt ist. Genaue Maßangaben sind den beigefügten Zeichnungen und einer speziellen Aufstellung zu entnehmen. Zu beachten sind die Punkte, die vom Bauherrn auszuführen sind.

Baubeschreibung für ein Blockbohlenhaus

Fundamente Die Fundamente sind nach Plan herzustellen. Exakte Pläne werden nach der Bestellung übergeben.
Fußboden Der Fußboden besteht aus einer 19 mm starken, feuchtigkeitsfesten Spanplatte auf Lagerhölzern. Alternativ: 19 mm Hobeldielen gegen Mehrpreis, 40 mm Wärmedämmung gegen Mehrpreis.
Außenwände Profilierte Blockhausbohlen in den Fertigstärken von 45 oder 60 mm und Nut- und Federprofilierung. Eckverkämmung sauber und exakt ausgearbeitet mit ca. 80 mm Überstand.
Innenwand Profilierte Blockhausbohlen entsprechend den Außenwänden.
Dach Stabiles Längspfettendach mit sichtbarer Konstruktion. Aufbau über Längspfetten: ca. 16 mm Profilbretter, welche die Dachpappe tragen sowie einer bauseits aufzubringenden Kiesschüttung. An den Giebeln ein Abschluß aus Stirnbrettern. Alternativ: Papplagen oder Ziegel gegen Mehrpreis, 40 mm Wärmedämmung gegen Mehrpreis.
Fenster Hochwertige Drehkippfenster oder Sprossenfenster gegen Mehrpreis.
Fensterladen Stabile Klappläden mit verzinkten Beschlägen.
Außentüren Die Eingangstür ist eine verleimte stabile Rahmentür, beidseitig mit Profilholzbrettern verkleidet, mit eingelegter Wärmedämmung, umlaufender Gummidichtung sowie einem Profil-Sicherheits-Zylinderschloß.
Holzschutz Die Blockprofile und die sichtbaren Dachkonstruktionen sind farblos mit einem neutralen, PCP-freien Holzschutzmittel behandelt. Nicht sichtbare Holzteile sind tauchimprägniert. Die sichtbaren Holzteile sollten vom Besitzer mit einem weiteren offenporigen Anstrich versehen werden, der auch gelegentlich zu wiederholen ist.
Montage Dem Bausatz liegen alle für den Aufbau erforderlichen Materialien bei. Dazu gehören Schrauben, Nägel, Dachpappe und alle Teile, die im Werkplan und der Stückliste aufgeführt sind. Nach dem Fundamentplan muß bauseitig ein Punkt-, Streifen- oder Ringfundament oder eine Betonplatte erstellt werden. Auf Wunsch werden erforderlichenfalls auch die Unterlagen für einen Bauantrag zugestellt.

Der Aufbau

Häuser aus Einzelelementen

Bei Häusern aus vorgefertigten Elementen kann man immer mit einer schnellen Montage rechnen. Ob die Herstellungsweise des Hauses nun Element- oder Tafelbauweise genannt wird, spielt vom Ergebnis her gesehen keine Rolle. Die Einzelelemente sind in diesem Fall immer 100 cm breit. Andere Hersteller bevorzugen andere Maße, was bezüglich der Konstruktion und der Montage bedeutungslos ist. Nach diesem Maß kann man sich das kleinste und das größte Haus einer Typenreihe zusammenstellen, bzw. es wird nach diesem Raster angeboten. Wenn das gekaufte Grundmodell nach einiger Zeit zu klein geworden ist, kann unter gewissen Voraussetzungen, durch Nachkauf einzelner Elemente an eine Vergrößerung gedacht werden.

Vom kleinsten zum größten Haus
Das kleinste hier angebotene Haus hat eine Flächengröße von 2 × 2 m und eine Höhe von 2/2,3 m (das zweite Maß gibt die Giebelhöhe an). Dies entspricht einem Rauminhalt von 8,5 m^3. Nur für statistische Zwecke, das Gewicht beträgt ca. 450 kg. Dieses Haus ist mit einem Türelement und einem Fensterelement mit Klappläden ausgerüstet. Ob die Tür an der Vorder- oder Rückseite montiert wird, bleibt dem Bauherrn überlassen. Ebenso kann das Fenster auf der rechten oder linken Seite sein. Es können auch Fenster auf beiden Seiten gewählt werden.
Durch eine Verlängerung um je 2 Seitenelemente wird eine Raumgröße von 3 × 2 m und ein Rauminhalt von ca. 13 m^3 erreicht. Dieser Typ kann auch in der Größe von 2 × 3 m geliefert und aufgestellt werden. In diesem Fall ist das Haus breiter wie lang. Die nächste Hausgröße hätte dann die Maße von 3 × 3 m. In diesem Fall hätte man ein Haus mit quadratischer Grundfläche. Von der Front her gesehen benötigt man nun 3 Elemente. Dabei bleibt es dem Erbauer überlassen, ob sich die Eingangstür im Mittelelement oder in einem der beiden Seitenelemente befindet. Anstelle der beiden geschlossenen Wandelemente kann neben der Tür auch ein Fensterelement montiert werden. Wenn man einmal von den 1-m-Elementen absieht, ist man doch sehr frei in seinen Gestaltungsmöglichkeiten.
Über einen weiteren Serientyp von 4 × 2 m und einem Rauminhalt von ca. 17 m^3 geht es zum letzten Typ dieser Baureihe. Hier liegen die Grundabmessungen bei 4 × 3 m. Der Rauminhalt liegt bei ca. 29 m^3. Also immer noch ein Haus, welches ohne Baugenehmigung errichtet werden kann. Das Gewicht gegenüber dem Grundtyp hat sich mehr als verdoppelt und liegt jetzt bei 1000 kg. Die Haushöhe beträgt, an

2

4

5

1 Beim Aufrichten der Seitenwände sind Hilfskräfte erforderlich.

2 Ein Giebelelement kurz vor der Montage. Im Giebel erkennt man die Öffnung.

3 Nachdem schon die Dachlatten angebracht sind, folgen nun die Giebelbretter.

4 Ein Übergang von der unteren Wandfläche zum Giebelelement ist schon jetzt nicht mehr zu erkennen.

5 Dieses Gartenhaus fügt sich hervorragend in die Gartenlandschaft ein.

Was soll man mehr bewundern? Hauswand mit überreichem Blumenschmuck.

der Giebelspitze gemessen 2,45 m. Bei den schmaleren Häusern beträgt die Höhe 2,3 m. Bei einem nachträglichen Zukauf ist es, wie jetzt deutlich wird, besser, wenn das Haus verlängert wird. Ansonsten müssen zwei neue Giebelstücke und alle Dachflächen neu angeschafft werden. Denkt man eine spätere Vergrößerung, sollte man sich gleich für ein breiteres Haus entscheiden, das später leicht verlängert werden kann.
Zusätzlich wird eine Innenverkleidung aus 10 mm starker Spanplatte angeboten. Ebenso ein Schutzanstrich und die Verglasung. Zur Lieferung gehören also die montagefertigen Teile einschließlich des kompletten Montagezubehörs.
Dieses Haus ist, wie man bei der Nennung der Giebelstücke gemerkt hat, mit einem Satteldach ausgestattet. Nach dem gleichen Bausystem werden aber auch Häuser mit einem Pultdach angeboten.
Es geht aber noch weiter, denn all diese Haustypen können mit einem Vordach oder einer Vorlaube geliefert werden, was den Wert der Häu-

ser als Aufenthaltsort noch steigert. Hier kann dann ein überdachter Sitzplatz angelegt werden. Bei einer Vorbaulänge von 2 m und einer Breite von 3 m bekommt man doch eine recht große zusätzliche Fläche. Weiteren Ausbauplänen, besonders dieses Vorplatzes steht ja nichts im Wege.

Was mit der Elementbauweise möglich ist, zeigt ein kleines Häuschen, welches als Geräte- oder Kinderspielhaus genutzt werden kann. Bei einer Größe von 2 × 1,5 m und einem Rauminhalt von knapp 5 m^3 besteht es nur aus 7 Teilen, die ganz einfach zusammengeschraubt werden.

Beschreibung eines Hauses aus vorgefertigten Einzelelementen.

Fundamente Betonplatte, Betonstreifen oder Steinunterlagen nach Plan. Beim Streifen- oder Punktfundament müssen zusätzliche Unterzughölzer vorgesehen werden.
Außenwände Rahmenkonstruktion aus 40 × 70 mm starken Kanthölzern, allseitig gehobelt und einseitig verschalt mit Profilbrettern aus nordischer Fichte oder Tanne. Die Einzelelemente sind 100 cm breit und können daher leicht transportiert werden.
Fußboden Wasserfest verleimte 22 mm starke Phenal-Verlegeplatten auf 40 × 70 mm starken Kanthölzern.
Dach Plattenelemente aus 16 mm starker Spanplatte mit Kantholz 50 × 50 mm. Dacheindeckung aus unverrottbaren Bitumen-Wellplatten. Die Anzahl und die Stärke der Firstbalken richtet sich nach der Größe des Hauses. Der Dachüberstand beträgt beim Satteldach allseitig 22 cm, beim Pultdach vorne 40 cm, seitlich und hinten ca. 20 cm.
Fenster Fensteröffnung ca. 83 × 73 cm mit einfachem Fensterflügel und verriegelbaren Fensterläden. Dies ist ein Komplettelement ohne Glas.
Außentür Türöffnung ca. 83 × 185 cm mit verschließbarer Plattentür. Auch hier ein Komplettelement.
Montage Die Montage erfolgt durch den Bauherrn. Das Haus wird als Komplettbausatz geliefert. Die Anordnung der Fenster und der Türen kann nach Wunsch erfolgen. Ein Vorteil des Komplettelementes. Alles Zubehör wird mitgeliefert.
Bei diesem Haus kann durch weitere Innenausbauarbeiten eine bauliche Aufwertung des Hauses erreicht werden.

Der Aufbau

Gartenhaus aus Stahlbeton

Gartenhäuser aus Stahlbeton kosten bedingt durch eine rationelle Fertigung schon viel weniger als ein mühsam aufgemauertes Gartenhaus. Das Angenehme aber ist die Tatsache, daß diese Fertigteile auch von Laien problemlos zu einem Gartenhaus montiert werden können. Es muß also nicht immer nur ein Holzhaus sein. Diese Häuser können nach dem Baukastensystem immer um 125 cm verlängert werden. Die Einzelteile sind so geformt und verarbeitet, daß sie stets ineinandergreifen. Tun sie es nicht, dann hat man wohl etwas falsch gemacht. Auch wie die Wandelemente in die Pfosten und Eckpfosten greifen, ist sehr gut durchdacht. Undichte Eck- und Verbindungsstellen gibt es einfach nicht. Als Untergrund für das Haus wird eine Betonplatte empfohlen.

Bei der Montage sollte mit einer Hilfskraft, die auch zufassen kann, gearbeitet werden. Ein Wandelement muß zur gleichen Zeit in den rechten und linken Pfosten eingeführt werden. Um die oberen Wandstücke montieren zu können, ist noch eine Stehleiter erforderlich. Ansonsten wird nur noch ein Schraubenschlüssel gebraucht. Neben den Betonteilen werden noch

Betongartenhaus mit schönem Farbkontrast.

Klemmplatten und Schrauben benötigt. Dazu kommen dann spezielle Giebelstücke, das Dach, Fenster und Türen. Die zuletzt genannten Teile können an jeder gewünschten Stelle eingebaut werden. Man muß sich nur an das Rastermaß halten. Man kann auch zwischen einem Sattel- oder Pultdach wählen.
Für die Anbringung einer Innenvertäfelung gibt es spezielle Halteclips. Weiter gehören zum Herstellungsbereich sehr praktische Schutzwände, ebenfalls montierbar, Pergolen, die auf Betonpfosten montiert werden und ein sehr breites Zubehörprogramm.
Interessant an diesem Haus ist auch, daß man erst auf den zweiten Blick feststellt, daß man vor einem Stein- oder Betonhaus steht. Dieser Eindruck wird noch deutlicher, wenn die senkrechten Pfosten, einige waagrechte Zwischenstücke und die Fensterumrandungen in einem kräftigen Braunton gestrichen werden. Ein Fremdkörper in der Landschaft ist das Haus ganz sicher nicht.

Kinderspielhaus

Gleich drei unterschiedliche Vorschläge für ein Haus. Da ist zunächst das Grundmodell mit einem ganz braven Dach, der zweite Vorschlag zeigt das Haus mit einem weit heruntergezogenen Dachteil und der dritte Vorschlag, hier nur als Schnittzeichnung dargestellt, zeigt das Dach noch weiter heruntergezogen mit einer Zusatzstütze, um die Sicherheit und Stabilität zu erhöhen. An Hand dieser Schnittzeichnung erkennt man auch, daß das Haus neben dem überdachten Freisitz auch noch zwei Etagen hat und ein Pfahlhaus ist.
Durch eine einfache offene Bodenluke gelangt man in die erste Etage. Zwar kann man sich in der oberen Etage nur kriechend bewegen, dafür hat man aber eine gute Aussicht. Der Abstand zwischen beiden Böden beträgt 100 cm. Der obere Boden kann aber auch weggelassen werden.

Herstellung
Alle Teile bestehen aus gehobeltem, glattem Holz. Scharfe Kanten werden sofort abgerundet. Die 6 Pfosten werden entsprechend der Dachschräge ebenfalls abgeschrägt. Die Dachbalken erhalten an der Giebelspitze auch den erforderlichen Schrägschnitt. Die Querbalken, nach der Material-Liste auf die passenden Längen geschnitten, werden auf die Stützen geschraubt. Sie stehen um die Holzstärke rechts und links über. Darunter werden später im zweiten Arbeitsgang die seitlichen Querhölzer angebracht. Nun können auch die Dachbalken an die Stützen geschraubt werden. Im Firstbereich werden diese beiden Balken durch eine Lasche zusammengehalten.

Der Aufbau

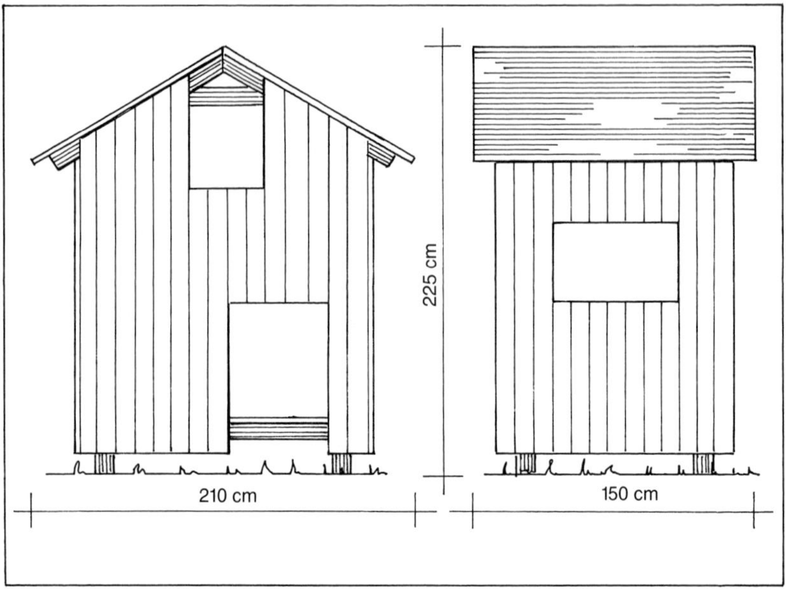

Material-Liste: Kinderspielhaus

Nr.	Bezeichnung	Material	Abmessungen in mm	Anzahl
1	Pfosten	80 mm Fichte	2400 × 80	4
2	Pfosten	80 mm Fichte	1700 × 80	2
3	Dachbalken	60 mm Fichte	2400 × 60	2
4	Dachbalken	60 mm Fichte	1300 × 60	2
5	Querbalken	60 mm Fichte	1600 × 60	6
6	Querbalken	60 mm Fichte	1260 × 60	7
7	Dachlaschen	20 mm Fichte	900 × 80	2
8	Dachbretter	20 mm Fichte	ca. 6,00 m^2	
9	Bodenbretter	20 mm Fichte	ca. 4,00 m^2	
10	Außenverkleidung	20 mm Fichte	ca. 10,00 m^2	

Weiter werden benötigt: ca. 10 m^2 Bitumendachpappe oder ein ähnliches wasserabweisendes Material. Maschinenschrauben mit Holzgewinde, ca. 120 bis 140 mm lang. Nägel oder Schrauben 45 mm lang und Material für die Oberflächenbehandlung.

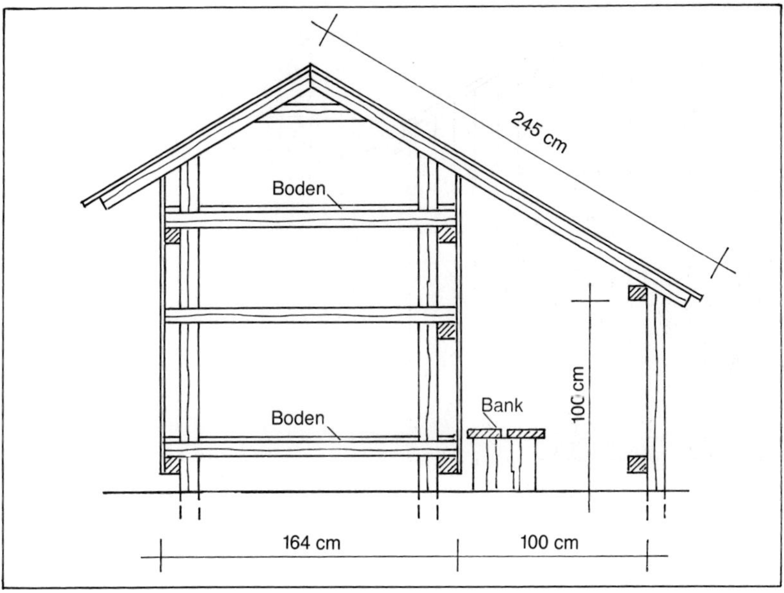

Linke Seite: Ansicht und Seitenansicht des Kinderspielhauses. Die Fenster- und Türöffnungen können geändert werden.

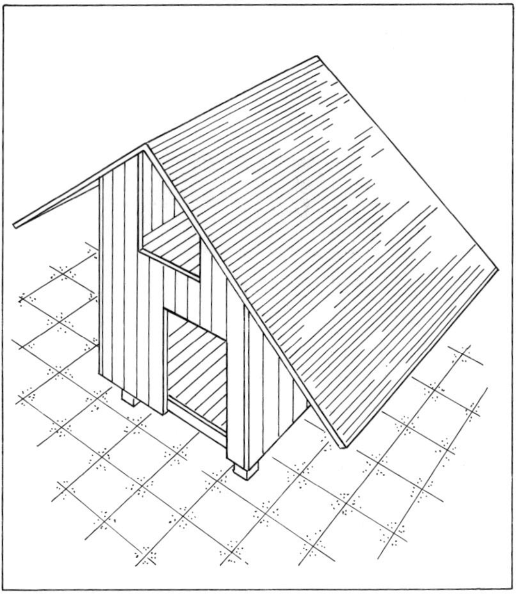

Oben: Schnittzeichnung. Hier wird die Konstruktion deutlich. Das tief heruntergezogene Dach ruht auf 2 zusätzlichen Stützen.

Rechts: Gesamtansicht des Spielhauses.

Der Aufbau

Natürlich bieten auch die Hersteller schicke Kinderspielhäuser an. Sie sind auf deren Proportionen zurechtgeschnitten. Das Haus kann auch als Gerätehaus genutzt werden.

Montage
Die beiden Giebelteile werden nun in die vorbereiteten Fundamentlöcher gestellt und mit Steinen fest verankert. Hat man Betonfundamente mit einbetonierten Ankern, können die Stützen alle um 50 cm verkürzt werden. Sie werden dann an die Anker angeschraubt. Der nötige Zwischenabstand ist genau einzuhalten. Nun sind die seitlichen Querbalken anzuschrauben, damit ist der Rohbau geschafft.

Ausbau
Da alle Außenmaße feststehen, werden zunächst die Bodenflächen aufgenagelt. Dabei an den Durchstieg zur zweiten Etage denken. Die Bretter sägt man nach den tatsächlichen Maßen zurecht. Dies gilt auch für die Dachflächen und die äußere Verkleidung. Die Holzlängen sind so beim Händler zu bestellen, daß möglichst wenig Verschnitt anfällt. Anschließend nimmt man die Dachflächen in Angriff und bringt auch sofort die Bitumenpappe auf. Ob noch zusätzliche Giebelbretter, sozusagen als Schmuck angebracht werden, muß allein der Erbauer entscheiden. Anstelle der Pappe können selbstverständlich auch Schindeln verwendet werden.
Es bleibt noch die äußere Verkleidung, die auf die Querhölzer aufgenagelt oder aufgeschraubt wird. Die Fenster- und Türöffnungen legt man nach eigenem Ermessen fest. Die scharfen Sägeschnitte sind sorgfältig zu glätten. Nun bleibt letztlich nur noch die Oberflächenbehandlung, die man gegebenenfalls von den Kindern selbst durchführen läßt. Es muß ja nicht unbedingt eine Imprägnierung sein.

Verschönerung des Hauses

Manche der hier vorgestellten Gartenhäuser lassen, was das Aussehen und die Ausführung betrifft, keinen Wunsch offen. Da ist wirklich an alles gedacht worden, um dem Haus einen zusätzlichen Pfiff zu geben. Diese zusätzliche Ausstattung, ganz gleich, ob es um die innere Gestaltung oder um das äußere Bild geht, muß natürlich auch bezahlt werden, auch dann, wenn diese zusätzlichen Teile serienmäßig zum Haus gehören.

Manche Anbieter dagegen liefern ein Gartenhaus ohne jeden Schnörkel, um es einmal so zu formulieren. Bei diesen Häusern entscheidet dann weniger das Aussehen als der Preis über einen eventuellen Kauf. Allerdings hat hier der zukünftige Besitzer viele Möglichkeiten, noch einige ganz individuelle Vorstellungen zu verwirklichen. Viele Hausbesteller suchen ganz gezielt nach solchen Ausbauhäusern.

Vor einer grünen Baumwand wirkt ein rustikales Haus natürlich besonders gut. Der eingefaßte Weg sorgt für klare Abgrenzungen.

Rund um das Haus

Giebelbretter

Die nachdrücklichste Veränderung eines üblichen Gartenhauses erreicht man dadurch, daß die Giebelansicht verändert oder durch zusätzliche Giebelbretter aufgewertet wird. Bei manchen Häusern sind überhaupt keine Giebelbretter eingeplant, andere haben nur eine kleine Abschlußleiste und wieder andere sind mit einem zwar breiten, aber sonst schmucklosen Dachabschluß ausgestattet. Manchmal könnte schon mit wenigen Mitteln, auch noch nachträglich, recht viel für eine Verschönerung getan werden.

Eine einfache Lösung

In diesem ersten Beispiel stelle ich eine ganz einfache Lösung vor, die aber dem Dach schon mehr Gewicht verleiht. Die Mittelfuge im Firstbereich ist durch ein senkrecht angebrachtes Holz verdeckt. Man kann sich bestimmt noch aufwendigere Abdeckungen einfallen lassen. Diese Mittelfuge sollte man möglichst immer abdecken, denn das Holz, ein lebender Werkstoff, arbeitet und bewegt sich, außerdem ist es Wind und Wetter ausgesetzt. Eine Fuge, die bei der Montage dicht war, kann nach einigen Jahren auseinanderklaffen.

Aus diesen beiden schlichten Brettern kann man mit etwas Überlegung und Geschick noch viel mehr machen. So könnte man sie beispielsweise durch Kerbschnitzereien noch interessanter machen. Man denke in diesem Zusammenhang an die Balkeninschriften alter Bauernhäuser. Aufgemalte Schriftzeichen sind ebenfalls möglich.

Breites Giebelbrett

Als zweites Beispiel sei ein sehr breites und aufwendig gestaltetes Giebelbrett beschrieben. Die untere Kantenausführung zeigt, daß man hier schon etwas Besonderes schaffen wollte. Wie die Kurven und Einkerbungen im einzelnen aussehen, kann immer wieder individuell festgelegt werden. Dies sollen alles nur Anregungen sein, vom Kopieren wird nicht gesprochen.

Um die Bögen und Kurven schneiden zu können, benötigt man unbedingt eine Motorstichsäge. Unsere Väter haben die Arbeit allerdings noch mit einer entsprechenden Handsäge erledigt. Mit einer Raspel und einer Feile werden die Schnitte beigearbeitet und später mit grobem, danach mit feinem Schleifpapier geglättet. Mit der Bearbeitung sollte man sich Zeit lassen, denn nur das saubere Ergebnis zählt.

Auch die vorderen Flächen können noch zusätzlich gestaltet werden. Hier sind runde, bemalte Keramikplatten mit einem Kontaktkleber aufgeklebt worden. Alle Platten hingen früher an einer Wohnungswand. Durch das vorhandene Loch wurde zur Sicherheit noch eine Schraube gedreht. Es kann ja schon vorkom-

Ein gut in den Garten eingefügtes Gartenhaus.

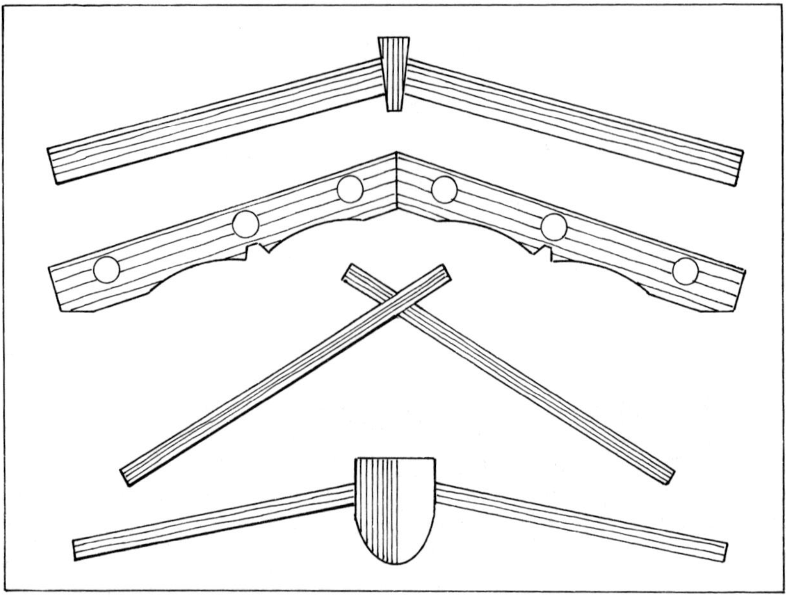

Aufwertung der Hausgiebel durch besonders gestaltete Giebelabschlußbretter. Für jeden Haustyp ist etwas dabei. Vorbilder gibt es genug.

men, daß sich durch Witterungseinflüsse der Kleber löst. Übrigens die lange Mittelfuge ist durch eine auf der Rückseite aufgeleimte Sperrholzplatte gesichert.

Gekreuzter Giebel

Im dritten Beispiel wieder zwei einfache Bretter, die aber im oberen Giebelbereich über Kreuz verlaufen. Vorbild waren, leicht vereinfacht, die westfälischen oder niedersächsischen Bauernhäuser mit den über Kreuz angeordneten Pferdeköpfen. Es muß nun nicht unbedingt ein solcher Kopf geschaffen werden, aber durch Auskerbungen und Rundungen kann man die Endstücke schön ausformen und gestalten.

Um eine flächenbündige Verbindung im Kreuzungsbereich herzustellen, werden beide Teile zunächst einmal probeweise auf den Giebel geschraubt. Der linke Teil liegt über dem rechten Holz. Nun werden die Linien angezeichnet einmal von der Vorder- und einmal von der Rückseite. Mit einem Fuchsschwanz werden beide Teile dann je zur Hälfte eingeschnitten und das Holz zwischen den Schnitten entfernt. Selbstverständlich wurden die Bretter vorher wieder abgeschraubt. Eventuell muß man noch

Pavillon mit interessanter Dacheindeckung. Die Umgebung paßt dazu.

einige Zwischenschnitte machen, um sich die Arbeit des Ausstemmens zu erleichtern. Dann können beide Teile zusammengesetzt und wieder angeschraubt werden. Überplattung nennt man diese Holzverbindung.

Weiterer Giebelschmuck

Wie breit die Giebelbretter auch immer gewählt werden, spielt von der Gestaltung her gesehen keine Rolle. Hier sollte eigentlich nur gezeigt werden, wie der Firstbereich aussehen könnte. Zur Abwechslung ist einmal ein Wappen angebracht worden. Auf dieser oder einer ähnlich ausgeführten Tafel könnte man sich aber auch ein Hirschgeweih vorstellen. Weitere Schilder gegebenenfalls in kleinerer Ausführung könnten noch zusätzlich die Giebelansicht verschönern. Ebenso könnten auf kleinen Konsolen ausgestopfte Vögel oder andere Erinnerungsstücke stehen. Nicht nur für einen Jägersmann eine sehr schöne Sache.

Wie schon angedeutet, sollen dies alles nur Anregungen sein, um seinem Haus ein unverwechselbares Gesicht zu geben. Die besondere Note erhält es durch eigene Bemühungen ganz sicher. Auch eine schöne Bepflanzung trägt dazu bei.

Die Terrasse

Mit den Holzarbeiten im Haus und um das Haus herum ist es ja nun nicht getan. Sicher kann man das Haus auf die grüne Wiese setzen und muß dann nur noch darauf achten, daß der Rasen regelmäßg geschnitten wird. Mit Sicherheit bleibt es aber nicht bei dem Rasen, denn auch das kleinste Haus, vom Gerätehaus einmal abgesehen, wird zu irgendeinem Zeitpunkt zu einem Aufenthaltsraum oder als Partyhaus genutzt.

Da man besonders an schönen Tagen oder Abenden sich nicht gerne in einem Raum aufhält, wird auch ein Platz vor dem Haus, also eine Terrasse, gebraucht.

Welches Material?

Die Terrasse oder der Vorplatz, der Name ist unwichtig, sollte so hergerichtet werden, daß eine gleichmäßige Fläche ohne Stolperkanten entsteht. Da für diese Fläche Steine oder Platten verwendet werden, sind diese in einer Ebene zu verlegen. Welche Platten letztlich verwendet werden, hängt vom Geldbeutel und von der Oberflächenbeschaffenheit ab. Zu glatte Platten, beispielsweise Marmor oder Platten aus planeben geschliffenem Bruchmarmor, sehen zwar farblich und von der Struktur her sehr gut aus, eignen sich aber nicht so sehr für Terrassenflächen im Garten. Bei Nässe bildet sich ein Schmierfilm und die Gefahr des Ausrutschens ist groß. Keramikplatten sind oft auch zu glatt. Platten mit einer stark unregelmäßigen Oberfläche oder Kopfsteinpflaster ist ebenfalls nicht das geeignete Material. Man rutscht zwar nicht, aber man stolpert. Für spitzere Damenabsätze sind sie schon gar nicht geeignet. Tatsächlich sind Zementplatten oder Ziegel der ideale Belag. Nebenbei bemerkt ist dies auch der preisgünstigste Belag. Die einschlägige Industrie bietet inzwischen eine riesige Auswahl unterschiedlicher Formen und Formate an. Das gilt auch für Kunststeinplatten, die, wenn sie eine nicht zu glatte Oberfläche haben, auch für die Terrasse geeignet sind. Ganz wichtig ist, und danach sollte man immer fragen, ob die Platten frostbeständig sind. Denn was nützt der schönste Belag, wenn schon nach einer Winterperiode die Platten Risse bekommen oder die Oberfläche abplatzt.

Solch einen Ausblick kann man leider nicht überall verwirklichen.

Herrichten des Unterbaues

Bei der Herstellung der Fundamente kam schon die Frage auf, ob nicht in einem Rutsch auch gleich eine Betonplatte mit Eiseneinlage als Unterbau für die Terrasse hergestellt werden solle. Selbstverständlich kann diese Platte auch jetzt noch gemacht werden.
Bei den Größenabmessungen des Untergrundes sollte man sich nach

Rund um das Haus

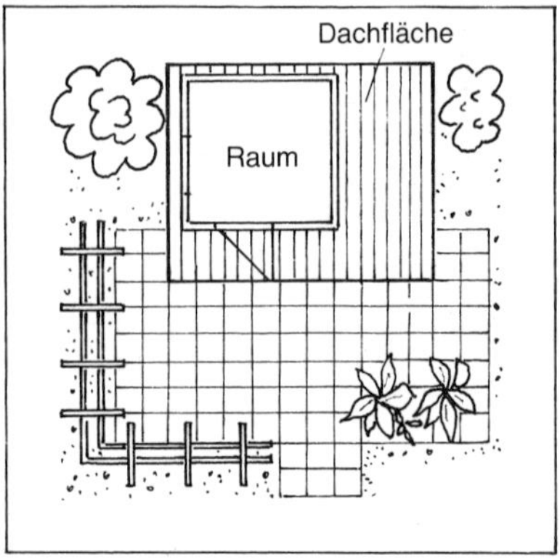

Ein Gartenhaus mit einer seitlichen Überdachung. Die Terrasse wird von einer in Winkelform gebauten Pergola mit Rankgerüst abgegrenzt.

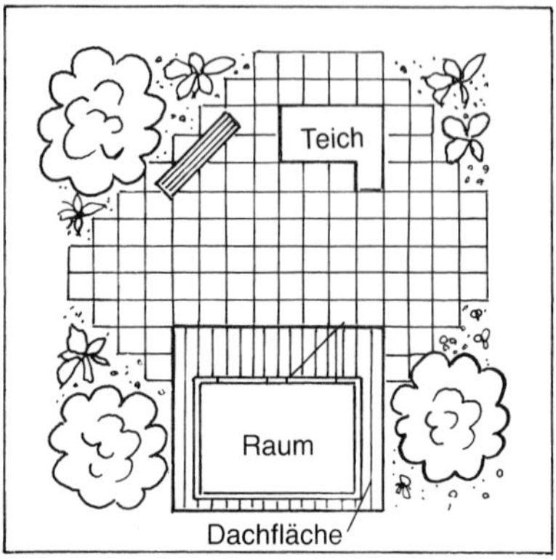

In die Terrassenfläche eingelassen eine Teichanlage, daneben eine Bank. Vom Haus hat man einen schönen Blick über den Teich und in den Garten.

den Plattengrößen richten. Abgesehen von den dünnen Keramikplatten sind alle Schnitte doch recht schwierig auszuführen. Man muß zu einem Fachbetrieb gehen, der die richtige Maschine besitzt. Das Terrassenniveau sollte etwas höher als die angrenzenden Rasen- oder Blumenbeete liegen, damit das Regenwasser leichter ablaufen kann. Auch ein leichtes Gefälle von ca. 2%, d. h. von 2 cm auf 1 m, ist einzuplanen. Auf keinen Fall darf das Wasser der Umgebung zur Terrasse und zum Haus fließen.

Anstelle der Betonplatte als Unterbau, können die Platten oder Steine auch in Sand verlegt werden. In diesem Fall ist erst eine Drainageschicht aus grobkörnigem Kies oder Schotter von 20 cm Stärke einzubauen und zu stampfen. Darauf kommt dann der Sand mit einer Stärke von 5 cm und dann endlich die Platten. Auf keinen Fall sollten die Fugen mit Zementmörtel ausgefugt werden, denn das Oberflächenwasser muß abfließen können. Außerdem würden die Fugen auch reißen. Was für die Terrasse gesagt wurde, gilt auch für den Wegebau.

Keine langweiligen Flächen

Von den eintönigen grauen Terrassenflächen sollte man endlich etwas abgehen. Warum sollen nicht einmal verschiedene Materialien verwendet werden, um das Bild der Fläche zu beleben und aufzuwerten. Muster sind vom Preis her gesehen kaum teurer. Etwas mehr Arbeit und Vorüberlegungen gibt es sicher, aber da man diese Arbeit selber ausführt, spielt die Zeit nur eine unter-

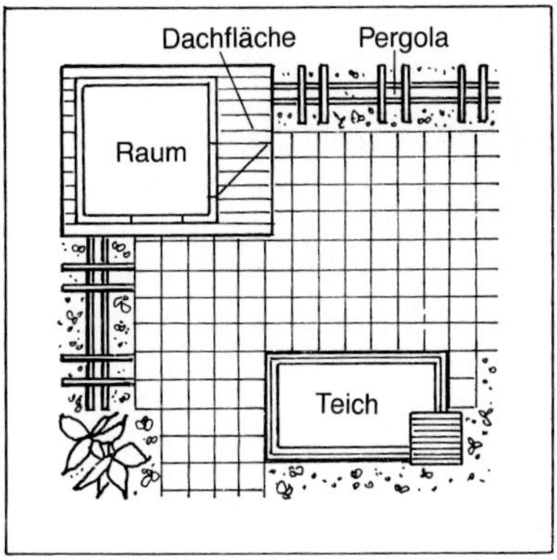

Gartenhaus mit seitlich angebauten Pergolen. Eine Brunnenanlage mit Wasserfall und größerem Teich begrenzt die Steinfläche der Terrasse zum Garten hin.

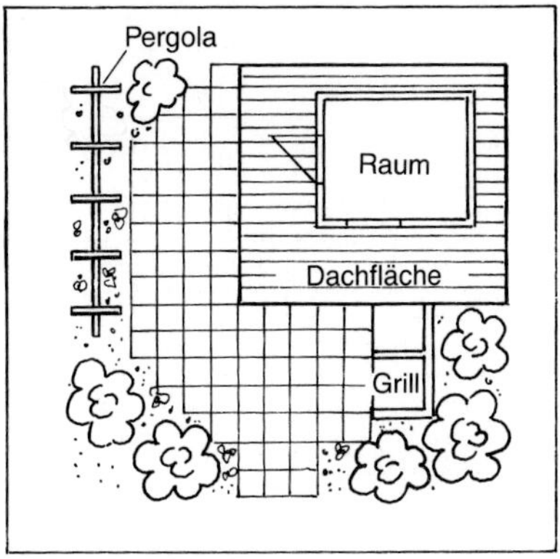

Eine große Überdachung auch für dieses kleine Gartenhaus. An der rechten Seite ein gemauerter Grill mit angebautem Holzlager, gegenüber eine Pergola.

geordnete Rolle. Einige Flächenentwürfe sollten vorher gemacht werden, damit man weiß, was man will, was überhaupt machbar ist und damit der Materialbedarf festgestellt werden kann.

Oberflächenentwässerung

Das meiste Wasser fließt in das angrenzende Gelände ab. Da in diesem Fall aber auch das Wasser vom Dach zu berücksichtigen ist, sollte man doch an eine geregelte Ableitung denken. Dies ganz besonders, wenn hier ein undurchlässiger Lehm- oder Tonboden vorhanden ist. Bewährt haben sich unter anderem mit verzinkten Gitterrosten abgedeckte Entwässerungsrinnen, die bei geschickter Flächenaufteilung kaum auffallen. Sie nehmen in breiter Front das Wasser auf. Über Rohrleitungen wird es dann in die Kanalisation geführt. Früher waren diese Entwässerungsrinnen schon vom Gewicht her sehr schwer zu verlegen, heute sind sie dank neuer Materialzusätze viel leichter und teilweise auch für den Selbermacher hergestellt. Verlegeanleitungen erleichtern auch diese Arbeit.

Duschplatz entwässern

Es folgt eine weitere Möglichkeit Oberflächenwasser, diesmal aus der Wasserleitung, zu sammeln und abzuleiten. Unterhalb des Plattenbelages wird eine Sickergrube geschaffen. Zweckmäßigerweise wird sie auch betoniert. Das Innenmaß beträgt ca. 50 × 50 cm und die Tiefe ca. 80 cm. Der Boden wird nicht betoniert, damit das Wasser ablaufen oder versickern kann. Die Grube

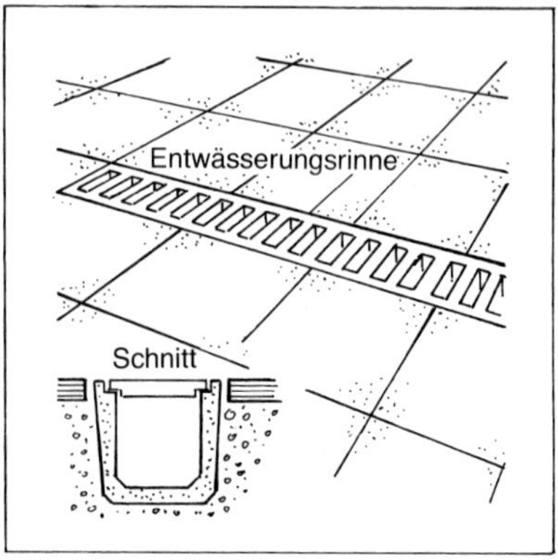

Manchmal sorgt erst eine Flächenentwässerung für eine trockene Terrasse. Die Rinnen haben verzinkte Abdeckroste.

wird etwas tiefer ausgeschachtet und eine ca. 20 cm starke Kiesschicht eingebracht. Dieser Sickerschacht wird mit ganz normalen Platten, wie sie zur Umgebung passen, abgedeckt. Falls kleinere Platten verwendet werden, sind entsprechende Auflagen einzubetonieren, auf denen die Platten dann aufliegen. Ist sehr viel Wasser zu erwarten, kann vom Schacht aus eine Dränageleitung in die Umgebung gelegt werden. Als letzte Entwässerungsmöglichkeit bietet sich eine Rohrleitung zum Kanal an.

Wasserfläche im Terrassenbelag

Sehr schön sieht eine Teichanlage innerhalb der Terrassenfläche aus. Damit letztlich aber auch alles gekonnt aussieht, ist unbedingt ein Entwurf anzufertigen. Gerade die Laien meinen, irgendwie wird die Sache schon klappen und sind später unglücklich, wenn an allen Ekken und Enden improvisiert werden muß. Es fängt bei den Zuleitungen an und hört bei unterschiedlichen Höhen oder Steinschnitten auf. Zum Thema »Teichbau« steht eine große Zahl von Fachliteratur bereit. Bekken aus Kunststoff oder anderen Materialien, zum Teil mit unterschiedlichen Tiefen und in vielen Formen machen die Wahl zur Qual. Bei den in der Fläche liegenden Teichanlagen besteht die Gefahr, daß der Schmutz und abgefallene Blätter leicht ins Wasser geweht werden. Kleine Kinder müssen ebenfalls beobachtet werden. Eine kleine, nur 10 cm hohe Umrandung wäre da schon angebracht und würde auch die Großflächigkeit von Terrasse und Teichanlage kaum stören.

Brunnen mit Wasserfall

Wieder ganz anders wirkt ein Brunnen oberhalb der Bodenfläche. Dabei spielt es keine Rolle, ob eine zusätzliche Wasserfallanlage dazu kommt. Solch ein Brunnen sollte aber ganz am Rande der Terrasse oder schon etwas außerhalb aufgestellt werden. Das soll nicht heißen, daß der flächenbündige Teich mitten auf der Terrasse angelegt wird. Freiflächen müssen bleiben. Auch für Teiche, Brunnen, Wasserfallanlagen und Springbrunnen gibt es unendlich viele Anbieter mit noch mehr Formen und Ausführungen.

Seitenansicht eines Duschplatzes.

Draufsicht auf den Duschplatz.

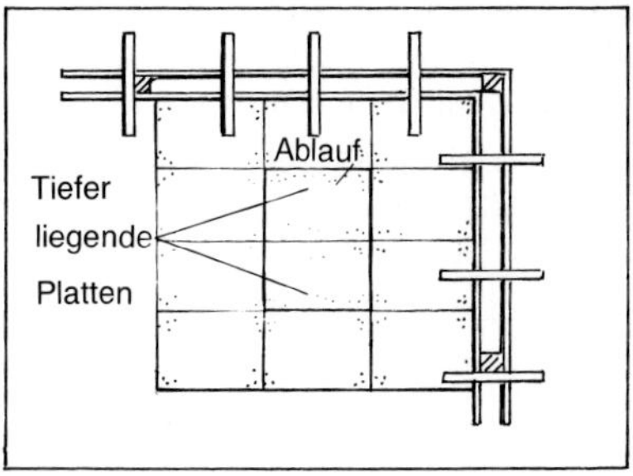

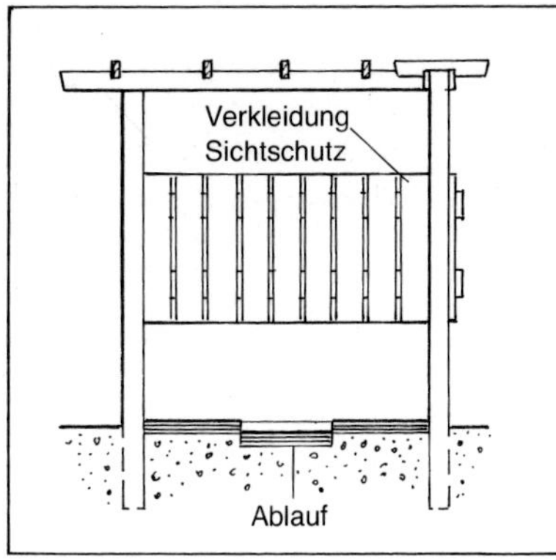

Dazu kommen dann noch die vielen Brunnenfiguren und Wasserspeicher. Die Aufzählung der Möglichkeiten, die Umgebung des Gartenhauses zu verschönern, läßt sich immer noch fortsetzen.

Kamine und Schornsteine

Jetzt wird es etwas kritischer, denn warum sollte ein Gartenhaus, welches nicht dauernd von Menschen bewohnt wird, mit einem Ofen oder einem offenen Kamin ausgerüstet werden. Die Heizungsfrage sollte daher auch gar nicht in den Raum gestellt werden. Dafür gibt es auch andere Möglichkeiten. Aber ein Raum mit einem offenen Kamin, besser noch mit einem offenen Feuer, strahlt doch eine ganz besondere Wärme aus. Man stelle sich doch einmal ein uriges Blockbohlenhaus mit einer gemauerten Feuerstelle vor!

Offener Kamin im Haus

Ein Holzhaus und eine offene Feuerstelle: Jeder Bezirksschornsteinfegermeister, der eine solche Anlage abnehmen müßte, würde erst einmal in seinen Unterlagen blättern und alle diesbezüglichen Gesetzestexte durchlesen, ehe er eventuell sogar mit vielen Auflagen eine Genehmigung zur Inbetriebnahme erteilen würde. Ähnlich wird es dem Versicherungsagenten gehen, der für die Feuerversicherung zuständig ist. Da wir ja nun einmal sehr dicht beieinanderwohnen, trifft uns ein eventueller Feuerschaden nicht allein, sondern auch die Nachbarschaft. Man muß schon mit einigen Problemen rechnen, wenn es zu einem Unglück kommt und man nicht versichert ist oder eine Anlage errichtet hat, bei der alle feuerpolizeilichen Vorschriften einschließlich der Abnahme nicht eingehalten wurden. Also, zunächst einmal Vorsicht!

Wie aber schon angedeutet, man kann etwas machen, was auch bei kleineren Häusern wirtschaftlich vertretbar ist. Zunächst denke man einmal an die vielen Anbieter der Fertigteil-Kamine, die auch von Laien problemlos aufgebaut werden können. Einige dieser Modelle stehen frei im Raum bzw. frei vor der Wand. Da ist beispielsweise ein Stahlgrundgestell, auf dem der offene Kamin aufgebaut wird. Andere Systeme haben wiederum so starke Wandungen, daß auch hier alle feuerpolizeilichen Bestimmungen erfüllt werden. Ähnlich wie die Holzhäuser, sind die Modelle vom Typ her geprüft, so daß man nicht mehr abhängig ist von einem besonders vorsichtigen Abnahmebeamten.
Auch die Versicherungen tun sich jetzt bedeutend leichter. Man kann ja viel selber machen, aber dies ist wieder einer der Fälle, in denen man auf Serienerzeugnisse zurückgreifen sollte. Vor dem Kauf sollte man selbstverständlich den Lieferanten fragen, ob seine Erzeugnisse zum Einbau in einem Holzhaus, natürlich unter Beachtung aller sonstigen Auflagen, zugelassen sind.
In der Regel wird man das Rauchabzugsrohr, die vornehme Umschreibung eines einfachen Schornsteins, durch das Dach ins Freie führen. Dafür sind wieder gewisse Sicherheitsabstände zwischen dem Rohr, den Balken und Sparren erforderlich. Immerhin könnte es ja vorkommen, daß das Rohr zu heiß wird und die Balken in Brand setzt. Hier bietet sich eine andere Lösung an. In diesem Fall steht der Schornstein neben dem Haus. Ganz gleich, ob er aus Stein mit einer entsprechenden Innenausstattung aus Isoliermaterial und Schamotterohr oder einem Edelstahlrohr ebenfalls mit Innenisolierung besteht, eine direkte Verbindung zum Haus besteht nicht, wenn man vom Abgasstutzen einmal absieht. Der auf einem kräftigen Fundament aufgestellte Fertigteilschornstein wird lediglich von einigen Haltebügeln am Haus gehalten, damit er bei stärkeren Stürmen nicht umstürzt. Das Schwitzwasser oder Kondenswaser, mit dem man gelegentlich rechnen muß, wird oberhalb des Fundamentes aufgefangen. Auch der anfallende Ruß kann durch eine Entnahmeöffnung leicht herausgeholt werden. Vom Ofen bzw. vom Kamin führt ein Abgasrohr zum eigentlichen Schornstein. Die Einmündungshöhe muß angegeben werden, damit die Einzelteile entsprechend zusammengestellt werden.
Die Wanddurchführung ist mit Isoliermaterial und nichtbrennbaren Verkleidungen abgesichert, wobei die Abstände zum nächsten Holz eingehalten werden. Die Wand hinter dem Ofen und vor dem Ofen ist durch entsprechende Maßnahmen vor dem Funkenflug zu schützen.
Wie man sieht, ist schon ein gewisser Aufwand erforderlich, bis das gemütliche Kaminfeuer endlich

Wirklichkeit wird. Alle diese Maßnahmen dienen aber letztlich der eigenen Sicherheit.

Offener Kamin vor dem Haus
Die gleichen Hersteller, welche Kaminbausätze für Innenräume anbieten, liefern auch Bausätze für offene Kamine und Feuerstellen, die im Freien betrieben werden können. Die Auswahl und Originalität ist hier sicher noch viel umfangreicher. Ein solcher Kamin, Ofen oder Grillstation, wie immer man die Feuerstelle nennen will, in Verbindung mit einer Pergola oder einem Rankgerüst, natürlich mit dem erforderlichen Abstand, sieht sehr gut aus. Dazu muß man sich dann noch den Bewuchs vorstellen, der an dem Holzgerüst hochwächst. Wie wäre es beispielsweise mit einer Italienischen Weinlaube. Über solche Anlagen und ihre Ausführungsmöglichkeiten könnte man problemlos ein Buch schreiben. Ebenso kann man sich in den südlichen Urlaubsländern, in denen man ja mehr Zeit in der freien Natur zubringt, viele Anregungen holen.

Grillstation mit interessantem Rauchabzug. Unten ein Holzlager.

Ein schlichter und einfacher Grillplatz.

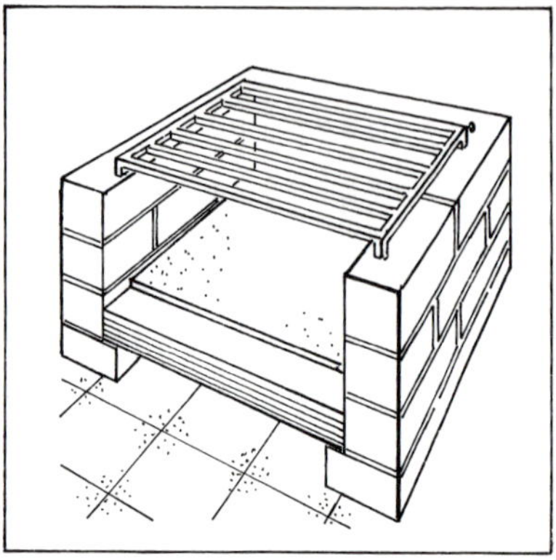

Kleiner gemauerter Gartengrill.

Selbstgebaute Grillstation

Für den Außenbereich kann man eine Feuerstelle, auf der man auch Grillen kann, leicht selber bauen. Die feuerpolizeilichen Vorschriften, wie sie in bewohnten Räumen zu beachten sind, fallen hier nicht an. Selbstverständlich sollte man einige Regeln befolgen, dies schon im eigenen Interesse. Wichtig ist z. B. die Beachtung der Hauptwindrichtung, damit der Qualm nicht ausgerechnet auf die Sitzgruppe zuweht. So läßt sich eine Grillstation leicht aus Ziegelsteinen aufmauern. Ein kleines Fundament sollte man vorher errichten, damit das Bauwerk einen festen Stand bekommt. Um eine angenehme Arbeitshöhe zu bekommen, ist eine Zwischenplatte aus Beton vorgesehen, auf der die Kohlenpfanne aufliegt. Der Grillrost liegt dann auf der oberen Steinumrandung.

Will man diesen Grill als Kamin benutzen, ist eine Ausmauerung der Feuerungsöffnung mit Schamottesteinen erforderlich, denn die größere Hitzeentwicklung würde den einfachen Ziegeln erheblichen Kummer bereiten. Außerdem ist eine Rauchschürze mit einem kurzen Abzugsrohr erforderlich. Diese Metallrauchschürze kann man vom Schlosser nach Maß anfertigen lassen, oder man beschafft sie im Fachhandel, dann muß man aber auf deren Maße Rücksicht nehmen. Man kann sich gut vorstellen, daß sich nach diesem Grundmodell noch viel aufwendigere Feuerstellen mit und ohne Abzugshaube bauen lassen. Bruchsteinmauerwerk sieht ebenfalls sehr gut aus. Der Anbau eines Kohlenbunkers wäre denkbar. Hier sind schon wahre Kunstwerke entstanden, manchmal wurde aber übertrieben, und es entstanden Heimwerker-Denkmale.

Innenausbau und Möblierung

Innenverkleidung

Nun steht das Haus auf seinem Fundament, und man stellt nach einiger Zeit fest, daß der eine oder andere Gebrauchsgegenstand für die Nutzung des Hauses angebracht wäre. Wenn man von den schweren Blockbohlenhäusern einmal absieht, kommen einem die dünnen Wände des eigenen Hauses manchmal doch etwas zu einfach vor. Besonders dann, wenn die äußere Verkleidung nur auf Rahmenhölzern befestigt ist und man eben die Konstruktion voll im Blick hat. Vorher hatte man noch gedacht, daß eine einfache Bretterumrandung mit einem Dach voll ausreicht. Für einen sehr niedrigen Preis ist ganz einfach nicht noch eine Isolierung und eine Innenverkleidung zu liefern. Viele Hersteller bieten diese Ergänzungen allerdings für einen Zusatzpreis an. Manchmal stört den stolzen Hausbesitzer, daß man die Dachkonstruktion und die Dachschrägen sieht. Oft wird auch hier von den Herstellern eine passende Deckenverkleidung angeboten. Überhaupt sind diese Leute sehr rührig und können ein umfangreiches Programm an Ergänzungs- und Zusatzteilen liefern.
Was hindert einen aber daran, diese Teile und Ergänzungen, kurz den ganzen Innenausbau, selber auszuführen? Dabei kann neben der Holzarbeit auch Fliesen- und Bodenbelagsarbeit erledigt werden. Das Haus steht, man arbeitet also geschützt innerhalb des Hauses und der Ausbau sowie der Bau einfacher Möbel muß ja nicht innerhalb weniger Tage abgeschlossen sein. So ungeschickt kann gar keiner sein, daß er nicht auch noch die nachstehend beschriebene Innenausstattung herstellen kann, nachdem alle anderen Vorarbeiten zur Zufriedenheit erledigt wurden.

Eine zusätzliche Wandverkleidung
Wer nicht die Holzkonstruktion und die äußere Bretterverkleidung des Hauses sehen möchte, kann auch nachträglich noch für glatte Innenwände sorgen. Je nach Balkenabstand werden zwischen die senkrechten Balken, im Abstand von ca. 80 cm einige Querstücke eingenagelt, welche die gleiche Stärke wie die Balken haben müssen, damit ein einheitlicher Untergrund entsteht. Diese Querstücke sollen stramm zwischen den Hölzern sitzen und werden mit schräg eingeschlagenen Nägeln an den Balken befestigt. Für die Innenverkleidungen können Profilholzbretter, Spanplatten und andere Platten Verwendung finden. Da man ja schlecht eine ganze Wand mit einer einzigen Platte verkleiden kann, ist der Zuschnitt so auszuführen, daß die Fuge immer auf der Mitte eines senkrechten Balkens liegt. Querfugen sollte man vermeiden, da die Platten durchaus raumhoch geliefert werden können.

Innenausbau und Möblierung

Sauber verkleidete Wände und Dachschrägen. Für den Ausbau sollte man helle Hölzer bevorzugen.

Bei der Verwendung von Profilholzbrettern oder stärkeren Platten kann gegebenenfalls auf die Querhölzer verzichtet werden. Hier ist an Platten mit einer Stärke von 13 mm gedacht. Innerhalb der beiden Wandflächen kann man noch eine Isolierung einbauen. Bei den Spanplatten ist ein feuchtigkeitsfestes Material zu verwenden. Die Platten werden aufgeschraubt und die Löcher anschließend ordentlich zugespachtelt. Die Oberflächenbehandlung richtet sich nach den Wünschen der Bauherren. Jedes Material ist möglich.

Deckenverkleidung

Ähnlich wie die Wandverkleidung wird auch die Deckenverkleidung ausgeführt. Die Anfertigung der Unterkonstruktion hängt ganz entscheidend davon ab, wie das Dach aufgebaut ist. Sind waagrechte Unterhölzer vorhanden, hat man es sehr leicht, denn man kann Profilholzbretter, welche schon für die Seitenverkleidung gebraucht wurden, direkt unter den Balken befestigen. Das gilt im gleichen Maße für die Spanplatten. Bei einem steileren Dach ist zwischen dieser Decke und dem First noch ausreichend Platz, um hier Dinge unterzubringen, die man nicht jeden Tag benötigt. Es empfiehlt sich in diesem Fall eine ausreichend große Klappe in die Deckenfläche einzuarbeiten. Das Außenmaß dieser Öffnung sollte mindestens 50 × 50 cm betragen, damit man auch in den Spitzboden einsteigen kann. Die Klappe wird mit einem Riegel der mit einem Vierkantstift oder Vierkantschlüssel betätigt wird, geschlossen. Eine kleine Leiter wird ebenfalls benötigt. Sind diese unteren Querbalken nicht vorhanden, sind sie noch anzubringen. Entweder werden mindestens 10 cm breite, aufrecht liegende Bretter oder ca. 6 × 6 cm starke Balken hierfür verwendet. Sie dürfen sich auf keinen Fall durchbiegen, und werden seitlich befestigt. Damit die Gefahr des Durchbiegens erst gar nicht aufkommt, sind auch noch Verbindungen zu den Dachbalken herzustellen. Will man eine etwas aufwendigere Kassettendecke schaffen, so müssen noch in den Querrichtungen zu den Balken Dachlatten angebracht werden, an denen dann die Kassettenelemente befestigt werden. Der Lattenabstand richtet sich nach der Kassettengröße. Die Fugen liegen immer in der Lattenmitte. Die speziellen Verarbeitungshinweise sind immer zu beachten. Übrigens, Versorgungsleitungen sind vor der Anbringung der Wand- und Deckenverkleidungen zu verlegen!

Zwischenwand

Raumunterteilungen für Gartenhäuser werden in der Regel mitgeliefert, bzw. viele Hersteller bieten auch Häuser mit abgeteilten Räumen an. Es ist aber nicht schwer, noch nachträglich eine Zwischenwand, wenn gewünscht sogar mit einer Tür oder einem offenen Durchgang, herzustellen.
Zwischen dem Boden und der Decke werden 4 × 4 cm starke, gehobelte Hölzer befestigt. Wie die Befestigung am besten erfolgen kann, richtet sich nach den örtlichen Gegebenheiten. Sollte es mit schräg eingeschlagenen Nägeln nicht funktionieren, sind Anschraubwinkel zu verwenden. Diese Winkel werden an das Vierkantholz und an der Decke bzw. auf den Fußboden geschraubt. Dieser Unterbau ist selbstverständlich genau Lotrecht herzustellen. Der Abstand zwischen den Hölzern sollte 60 cm nicht übersteigen. Falls erforderlich, können zwischen den Stützen auch noch Querhölzer vorgesehen werden. Die Verkleidung wird dann wie schon beschrieben angebracht. Bei einer Türöffnung sollte man auf die üblichen Normmaße Rücksicht nehmen.

Möbel für innen

Besonders sparsame Bauherren denken zunächst einmal daran, ausrangierte Möbel aus der Wohnung im neuen Gartenhaus unterzubringen. Einmal wird so Platz für neue Möbel geschaffen, zum anderen das neue Haus preiswert möbliert. Nun soll gegen eine sinnvolle Sparsamkeit nichts gesagt werden. Man bedenke aber, daß das Platzangebot sehr beschränkt ist und die vorhandenen Altschränke oder sonstigen Möbel sehr groß oder zu klein sind, um eine Wand voll auszunutzen. Es bleiben dann immer einige dumme Ecken übrig, in denen alles Mögliche und Unmögliche untergebracht wird. Ordentlich sieht die Inneneinrichtung auf keinen Fall aus, und von rationeller Platzausnutzung kann man auch nicht sprechen. Gegen einen Tisch, einen Sessel oder einige Stühle ist nicht viel zu sagen, aber alles was eingebaut werden kann, sollte nach Maß hergestellt werden, man schlägt dann gleich zwei Fliegen mit einer Klappe.

Innenausbau und Möblierung

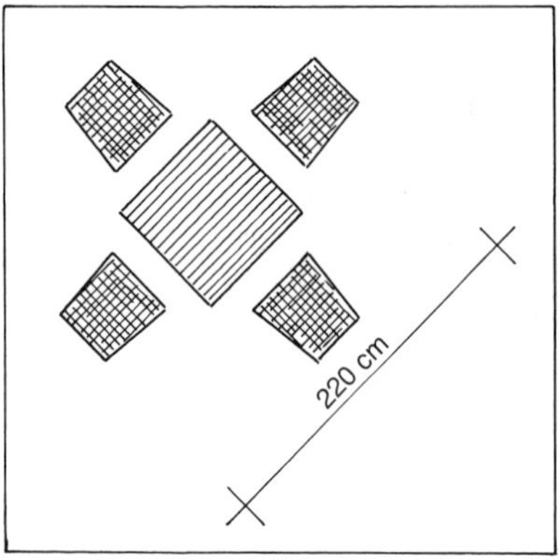

Bei der Planung der Einrichtung sind die Zwischenräume zwischen Möbeln wichtig.

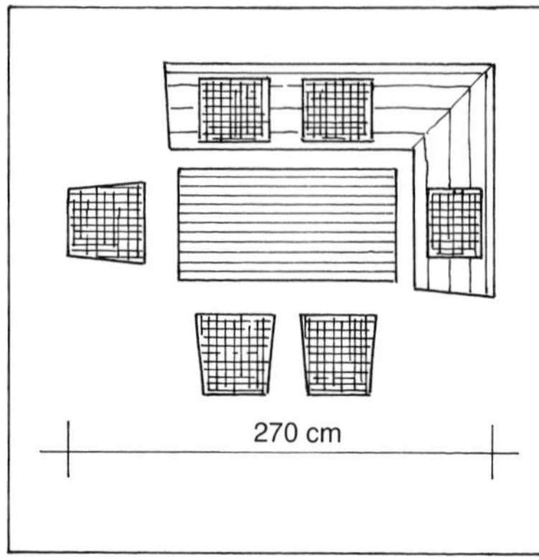

Platzbedarf für eine Eckbank, den Tisch und drei Stühle. Dies ist der Mindestbedarf.

Einfache Bank

Wenn es nicht gerade eine Küchenbank ist, die man hier unterbringen oder einbauen möchte, sollte man doch besser eine kleine Bank bauen, die nicht viel Platz wegnimmt. Diese Eckbank besteht im Grunde aus zwei unterschiedlich langen Bänken, die, wie gewünscht, zusammengestellt werden können. Viel größer und länger als dargestellt sollte man die einzelne Bank nicht machen, da sonst eine zusätzliche Unterstützung d.h. ein weiteres Fußpaar erforderlich wird.

Anhand der Material-Liste wird das Holz bestellt, welches man sich vom Händler auch gleich auf die gewünschten Längen zuschneiden läßt. Vorab werden alle sichtbaren Kanten mit dem Hobel oder mit Schleifpapier gebrochen. Auch die Flächen, zumindest die der Sitzbretter, sollten geschliffen werden. Splitter sind wieder anzuleimen oder wegzuschleifen. Kleider und Strümpfe darf man sich an diesem Möbel nicht zerreißen.

Zuerst werden die Querhölzer an die Fußstücke geleimt und genagelt. Der so entstandene Rahmen sollte genau rechtwinklig verarbeitet sein. Um dies zu prüfen, legt man einen Winkel an oder führt eine Diagonalmessung durch. Beide Maße müssen dann übereinstimmen. Das vordere Längsholz wird zwischen den beiden Fußrahmen am senkrechten Fußstück angenagelt. Das hintere Längsholz wird hinter dem hinteren Fußstück angenagelt und steht seitlich über. Damit ist das Fußgestell fertiggestellt.

Die 3 Sitzbretter werden mit Linsenkopfschrauben auf die oberen Querhölzer der Fußgestelle ge-

Oben: Die fertige Bank.

Unten: Ansicht und Seitenansicht.

schraubt. Ebenso werden sie auch an das vordere und das hintere Längsholz geschraubt. Die Schraubenlöcher sind vorzubohren. Die Schrauben sind tief einzudrehen und dürfen auf keinen Fall vorstehen. An alle Verbindungen kann zusätzlich Leim angegeben werden, was die Festigkeit erhöht. Anschließend wird alles noch einmal überschliffen und von Bearbeitungsspuren gesäubert. Die Oberflächenbehandlung mit Farbe oder klarem Lack (an umweltfreundliche Produkte denken!) wird nach Wunsch vorgenommen.

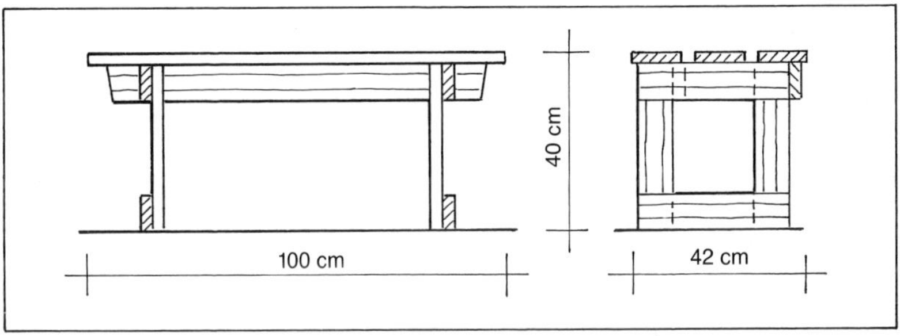

Material-Liste: Innensitzbank

Nr.	Bezeichnung	Material	Abmessungen in mm	Anzahl
1	Sitzbretter	25 mm Fichte	1000 × 120	3
2	Füße	25 mm Fichte	375 × 80	4
3	Querhölzer	25 mm Fichte	400 × 80	4
4	Längsholz (hinten)	25 mm Fichte	900 × 80	1
5	Längsholz (vorne)	25 mm Fichte	700 × 80	1

Weiter werden benötigt: 16 Messing Linsenkopfschrauben, 55 mm lang; Nägel, 55 mm lang; Leim und Material für die Oberflächenbehandlung.

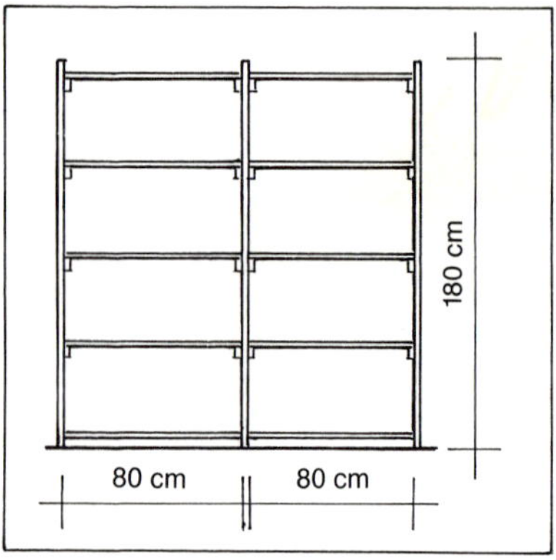

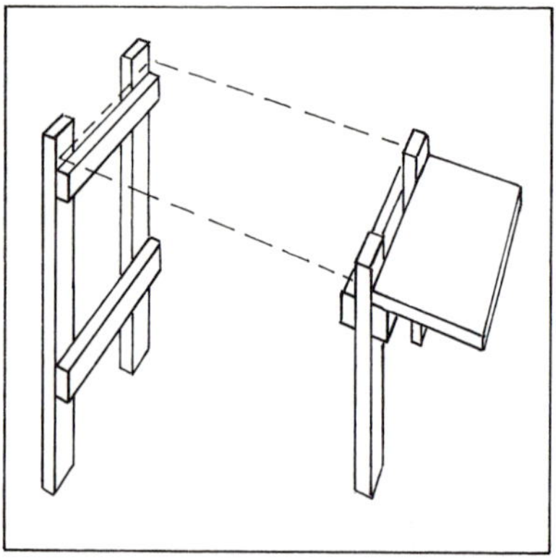

Damit man angenehmer sitzt, sollten Einzel- oder durchgehende Kissen auf den Holzrosten aufgelegt werden. Gleiche Kissen werden mit Schlaufen an Ziernägel gehängt, die in passender Höhe in die Wand genagelt wurden. Bei dem Höhenmaß dieser Rückenlehne (80–85 cm) kann man sich auch nach seinen Stühlen richten.

Wandregal

Um es vorauszuschicken, dieses einfache Wandregal muß zwischen zwei Wänden eingebaut werden oder ist an der Wand mit Eckwinkeln zu befestigen. Ansonsten sind 2 Diagonalleisten im rückwärtigen Bereich anzunageln, damit das Gestell nicht plötzlich seitlich ausscheren kann.

Oben: Ansicht eines Lagerregals.

Unten: Das Regal besteht, wie man sieht, nur aus Leitern. Die Böden werden auf den Querhölzern aufgelegt.

Material-Liste: Wandregal

Nr.	Bezeichnung	Material	Abmessungen in mm	Anzahl
1	Aufrechte Riegel	25 mm Fichte	1800 × 50	6
2	Querriegel	25 mm Fichte	300 × 50	20
3	Böden	20 mm Spanplatte	800 × 300	10

Weiter werden noch Leim und 45 mm lange Nägel sowie Material für die Oberflächenbehandlung benötigt. Soll das Regal verlängert werden, sind für jedes zusätzliche Element noch weitere 5 Böden, 2 aufrechte Riegel und 5 Querriegel erforderlich.

Ausblick über die Terrasse in den Garten. Die weit vorgezogene Überdachung schützt vor plötzlichen Sommergewittern. Der Terrassenboden besteht aus Holzelementen.

Auch hier wird zuerst wieder sauber gehobeltes Holz beschafft. Ob man die vielen Querhölzer schneiden läßt oder selber schneidet, ist eine Kostenfrage, denn der Schnitt vom Händler ausgeführt, kostet Geld. Alle sichtbaren, scharfen Kanten werden mit Schleifpapier gebrochen. Das gilt auch für die vorderen sichtbaren Flächen der aufrechten Riegel und für die Kanten der Böden. Die aufrechten Riegel oder Stützen werden zusammengelegt und es wird angezeichnet, wo die Querriegel angebracht werden sollen. Da man sich hier leicht irren kann, sollte man die Riegel kennzeichnen, damit man weiß, wo oben oder unten ist. Die Höhenabstände sollen individuell nach den tatsächlichen Erfordernissen festgelegt werden. Die Regaltiefe ist hier mit 30 cm festgehalten. Auch dieses Maß kann geändert werden. Dasselbe gilt für die Höhe.

Die Querriegel werden auf die Stützen geleimt und genagelt. Es entstehen so 3 Leitern. Während eine Hilfskraft die Leitern hält, nagelt oder schraubt man die Böden auf die Riegel. So einfach ist die Herstellung. Ob nun noch Schrägstreben an der Rückfront angebracht werden, muß an Ort und Stelle entschieden werden. An freistehenden Regalen sind sie aus Gründen der Querstabilität erforderlich. Die Oberflächenbehandlung wird vor dem Zusammenbau durchgeführt. Will man einen Vorhang vor dem Regal anbringen, wird mit einigen Anschraubwinkeln ein durchlaufendes Brett vor den Stützen befestigt. Unter dieses Holz wird dann die Schiene geschraubt. Damit man die Schiene und die Aufhängung nicht sieht, kann zusätzlich noch eine Abdeckblende angebracht werden.

Wandregal oder Wandbord

Wie man dieses kleine Möbelstück auch bezeichnen will, es wird ganz sicher gebraucht, um einige kleine Besonderheiten zeigen zu können. Aber auch als zusätzliche Ablage ist es sicher willkommen. Bei den Größenabmessungen hat man, wie bei den anderen Sachen auch, vollkommen freie Hand und richtet sich nach dem vorhandenen Platzangebot. Dieses Regal besteht aus 2 Böden, 2 Zwischenwänden und 2 Aufhängeösen. Die Länge beträgt 120 cm, die Tiefe 18 cm und der Abstand zwischen den Böden ist mit 20 cm angegeben. Die Holzstärke beträgt 2 cm. Damit hat man auch schon alle Holzmaße. Wenn man möchte, kann der untere Boden et-

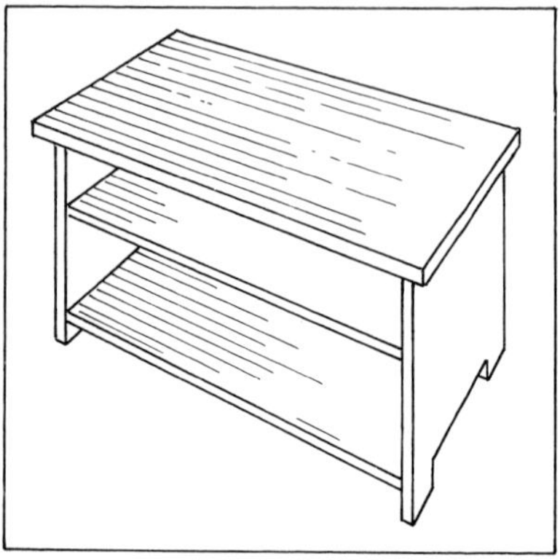

Gesamtansicht des Schränkchens. Es sollte nicht schwerfallen, dieses einfache Kastenmöbel zu bauen.

Material-Liste: Kleine Anrichte

Nr.	Bezeichnung	Material	Abmessungen in mm	Anzahl
1	Platte	20 mm Spanplatte	840 × 500	1
2	Seiten	20 mm Spanplatte	680 × 450	2
3	Boden	20 mm Spanplatte	760 × 430	1
4	Einlegeboden	20 mm Spanplatte	759 × 380	1
5	Montagehölzer	20 mm Spanplatte	760 × 70	2
6	Türen	20 mm Spanplatte	600 × 400	2

Weiter werden benötigt: Kantenumleimer ca. 10 m lang und 20 mm breit. 14 Dübel, 10 mm Durchmesser; 4 Bodenträger; Leim; 6 Schrauben 35 mm lang und Nägel 15–20 mm lang. Dazu noch 4 Scharniere und 2 Magnetschnäpper.

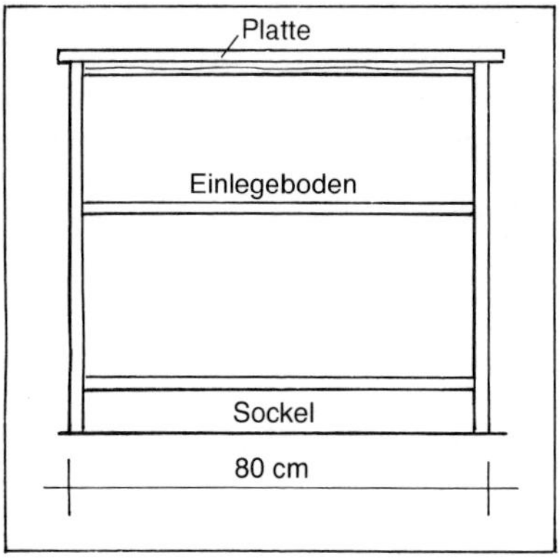

Ansicht eines schlichten und einfach herzustellenden Schränkchens. Der Zwischenboden ruht auf Bodenträgern.

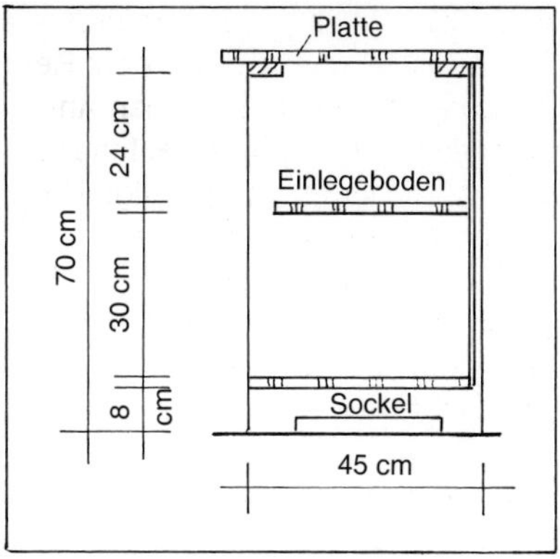

Seitenansicht des Schränkchens mit Maßangaben. Die Platte wird an 2 Montageleisten geschraubt.

was schmaler ausfallen. Die Zwischenstücke sind dann nach unten etwas abzuschrägen oder erhalten die gleiche Breite wie der untere Boden. Die Zwischenstücke werden mit einem Abstand von 20 cm, gerechnet von den Außenkanten, zwischen die beiden Böden geschraubt. Auch hier sollte Leim an die Verbindungsstellen gegeben werden. Die üblichen Abschlußarbeiten kennt man jetzt ja schon.

Kleine Anrichte oder Schränkchen
Ein kleines Schränkchen, nach Maß gebaut, wird ebenfalls überall gebraucht. Auf der breiten Platte kann allerlei angerichtet und im Schrank selbst viel untergebracht werden. Die Platte steht seitlich 2 cm über und an der Vorderfront 5 cm vor. Im vorderen Bereich könnte also auch wieder eine Schiene angebracht und ein Vorhang aufgehängt werden, der den Schrankinhalt abdeckt. Selbstverständlich können hier auch zwei Türen angeschlagen werden. Diese glatten Türen werden mit je 2 Scharnieren angeschlagen und mit 2 Magnetschnäppern zugehalten. Als Muster kann man einfache Küchenmöbel betrachten. Innerhalb der Materialliste sind schon zwei Türen berücksichtigt worden.
Es ist hierbei sehr entscheidend, ob eine einfache, unbehandelte Spanplatte, die nicht weiter bearbeitet werden muß, oder ob beschichtete Spanplatten verwendet werden, die noch mit Kunststoff-Kantenumleimern versehen werden müssen. Bei der ersten Möglichkeit können alle Teile zusammengeschraubt oder genagelt werden. Die Löcher werden ausgespachtelt und das ganze Möbel später gestrichen. Auch

Innenausbau und Möblierung

So könnte die Inneneinrichtung eines Gartenhauses einmal aussehen. Der Ausbau kann in Etappen erfolgen.

kleine Verarbeitungsfehler, wie undichte Fugen, werden durch den Anstrich verdeckt. Auf die Anbringung der Kunststoffanleimer kann verzichtet werden.
Bei beschichteten Platten, die Farbe spielt keine Rolle, ist ganz besonders auf einen sauberen Schnitt zu achten. Schauen Sie Ihrem Händler also auf die Finger! Zunächst werden alle sichtbaren Kanten mit dem Umleimer versehen und anschließend sauber beigearbeitet. Der Umleimer wird aufgebügelt. Dann werden die beiden Seiten an der hinteren Innenseite mit der Kreissäge ausgefälzt. Der Falz sollte 2 cm tief sein. Hier wird später die Rückwand eingenagelt. Kann man diese Arbeit nicht selber erledigen, muß der Händler helfen. Unten wird die Rückwand an den Boden und im oberen Bereich an der Montageleiste befestigt. Der Boden und die beiden Montageleisten werden zwischen die Seiten gedübelt und geleimt. Beim Bohren der Löcher in den Seiten vorsichtig arbeiten, denn man ist schneller durch als man denkt. Zu reparieren ist dann nichts mehr.
Nun kann der Korpus schon verleimt werden und anschließend, wenn der Leim abgebunden ist, die Rückwand befestigt werden. Die Platte wird von unten her an die Montagehölzer geschraubt. Die Löcher für die Bodenträger werden vor dem Zusammenbau in die Seiten gebohrt, da man sich dann doch noch besser bewegen kann. Vor dem Anschlagen der Türen braucht man keine Bedenken zu haben. Den Scharnieren liegt eine Einbauanleitung bei und die Magnetschnäpper wird man wohl anschrauben können. Zum Abschluß wird das ganze Möbel von Bleistiftstrichen und Arbeitsspuren gereinigt.
Will man ein längeres Schränkchen bauen, ist dies nach dem gleichen Muster möglich, allerdings sollte man alle 60–80 cm eine Zwischenwand vorsehen. Einmal bleibt die nötige Stabilität erhalten, zum anderen brauchen die Böden eine Unterstützung.

Eine etwas aufwendig hergestellte Holzbank.

Gartenmöbel

Man sollte schon den feinen Unterschied machen zwischen Bänken, die im Haus aufgestellt werden, und den Bänken, die in der etwas rauheren Umgebung des Gartens ihren Platz finden. Dazu muß aber festgehalten werden, daß die bereits vorgestellte Innenraumbank auch durch Witterungseinflüsse kaum Schaden nimmt. Die Gartenbänke sind durchweg kräftiger ausgeführt. Die Fußgestelle bzw. die einzelnen Stützen sind aus unterschiedlichen Beton- oder Steinmaterialien hergestellt und werden zweckmäßigerweise fertig bezogen. Geschickte Selbermacher lassen sich auch von der Herstellung von Betonplatten und sonstiger Fertigteile aus diesem Werkstoff nicht abhalten. Eine entsprechende Form ist schnell gebaut.
Die Betonstützen werden ins Erdreich eingelassen, dadurch bekommen sie einen ausreichenden Halt.

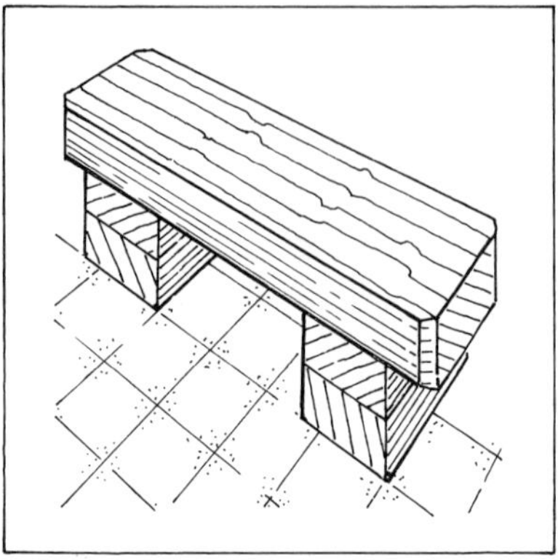

Bank aus Bahnschwellen. Die Schwelle reinigen und die Kanten abrunden, ein ausgesuchtes Stück verwenden.

Bank aus Bahnschwellen

Eine Bank aus alten Bahnschwellen sieht sicher sehr originell aus, ist aber mit Vorsicht zu genießen. Man sollte sich das Material vorher genau ansehen, denn an sehr heißen Sommertagen kann es schon einmal vorkommen, daß das Holz schwitzt. Besser gesagt ist die Imprägnierung, nicht so umweltfreundlich wie die, mit der heute Hölzer behandelt werden: sie löst sich auf und schwitzt aus dem Holz heraus. Das ist natürlich sehr unangenehm. Es liegt an der Art des Imprägnierens und tritt längst nicht bei allen Schwellen auf.
Die Schwellen sind etwa 26 cm breit, dies ergibt keine allzu breite Sitzfläche. Dagegen sind zwei Schwellen, nebeneinander gelegt, schon wieder etwas zu breit. Die Schwellenstärke beträgt 16 cm. Drei Schwellenstücke übereinander gelegt ergibt eine Höhe von 48 cm, etwas zu hoch, um bequem sitzen zu können. Das untere Schwellenstück ist daher einzugraben, um die gewünschte Sitzhöhe zu erreichen.
Die einzelnen Stücke werden mit Eisenklammern, die man sich vom Schlosser anfertigen läßt, zusammengehalten. Das Holz ist oftmals sehr hart und daher auch schwer zu sägen.

Ein halber, möglichst knorriger Baumstamm ist immer ein Blickpunkt. Kurze Stammstücke dienen als Stützen.

Aus durchtrennten Baumstämmen hergestellte, schwere Tisch- und Bankanlage. Es wird viel Platz benötigt.

Ein halber Baumstamm
Besonders ein knorriger Baumstamm sieht sehr rustikal aus und sollte daher zur Herstellung einer Sitzgelegenheit im Freien verwendet werden. Diesen Baum aufzuspüren und dann noch ein Sägewerk zu finden, wo dieser Stamm geteilt wird, ist sicher nicht ganz einfach. Wenn man dann aber einen solchen Betrieb erwischt hat, sollte man sich aber auch aus dem gleichen Stamm, vorausgesetzt er hat den richtigen Durchmesser, eine 10–12 cm starke Tischplatte schneiden lassen. Ein einfaches Fußgestell zur Aufnahme der Platte ist schnell gemacht. In diesem Fall geht ja von der Wucht der Platte die Wirkung aus. Übrigens, bei den Sägewerken findet man oft den richtigen Stamm, der für die holzverarbeitenden Betriebe, auf Grund des Wuchses kaum zu gebrauchen ist. Eventuell findet man schon geschnittene Halbstämme oder Tischplatten.
Zwei kleine, etwa 50–60 cm lange Stücke werden eingekerbt und schon hat man eine praktische und sichere Auflage für den Stamm und eine schöne Sitzgelegenheit.
Allzu frisches Holz sollte man erst einige Zeit stehen lassen, ehe man die Sitzfläche mit grobem Schleifpapier und der Hilfe eines Schwingschleifers, wie er in fast jeder Heimwerkerwerkstatt zu finden ist, bearbeitet und glättet. Ein klarer Lack macht dann die Fläche vollkommen, das gilt auch für die Tischplatte.

Bretterrost auf Steinen
Sichtbetonelemente sind die Grundlage für viele Gartenbänke. Diese Betonelemente, unterschiedlich geformt und unterschiedlilch in der

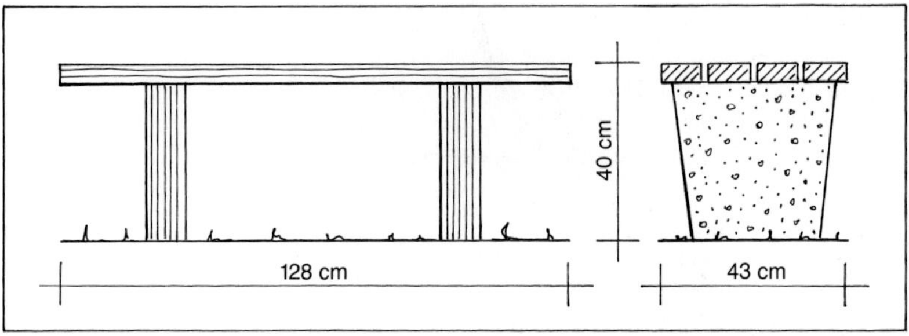

Eine schlichte einfache Gartenbank. Die Sitzfläche, bestehend aus gehobelten Bohlen, ruht auf Betonsteinen.

Materialzusammenstellung werden in den Boden eingegraben und brauchen daher auch kein Fundament, da der Erddruck schon ausreicht. In öffentlichen Anlagen sieht das etwas anders aus, denn diese Bänke müssen zusätzlich gesichert werden, damit sie von allzustarken bösen Buben nicht aus der Erde gerissen werden. Auf die Stützen werden dann Sitzflächen in Form von Bretter- oder Balkenrosten befestigt. Die Sitztiefe liegt zwischen 42 und 46 cm. Man kann sich bei der Auswahl der Hölzer selbst die Breite der Einzelstücke ausrechnen, was manchmal davon abhängt, ob 3 oder 4 Stücke benötigt werden. Die Bretterroste sollten mindestens 3 cm stark sein. Nach oben sind in dieser Hinsicht keine Grenzen gesetzt. Die Mindeststärke ist auch weitgehend vom Stützenabstand abhängig. Der Abstand hängt dann wieder von der Länge der Bank ab. Man sieht, auch bei der Bankherstellung sind einige Dinge zu beachten. Auch hier wieder nur einige An-

Die Stützen für diese Gartenbank bestehen aus aufgemauerten Ziegelsteinen. Die Mörtelreste sind sofort zu entfernen.

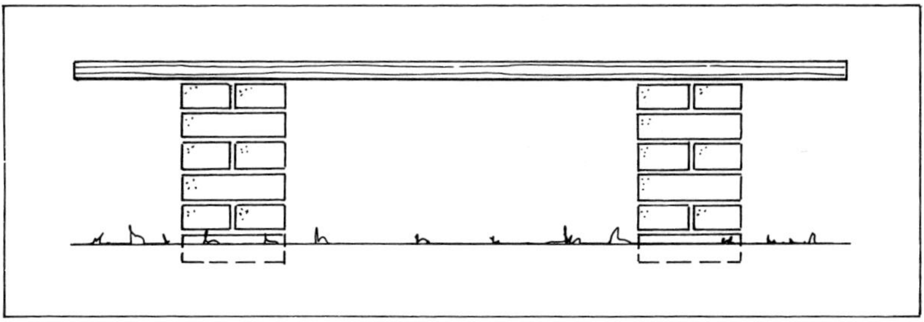

Ein angenehmer Platz zum Ausruhen.

regungen, denn die Banklänge kann man selbst bestimmen, bzw. sie ergibt sich aus dem Platzangebot. Der freie Überstand nach rechts und nach links liegt bei 25–30 cm. Der Stützenabstand wird mit 80–100 cm angenommen. Bei größeren Abständen sollten stärkere Sitzbretter verwendet werden. Die Einzelbretter können jedes für sich auf die Konsolen oder Stützen gedübelt und geschraubt werden. Ebenso ist es möglich, die Bretter auf Querhölzer zu schrauben und den so geschaffenen Sitzrost auf den Steinen zu befestigen. Die Schrauben, mit denen die Querhölzer an die Bretter geschraubt werden, sind nicht zu sehen. Für all diese Arbeiten sind nichtrostende Schrauben zu verwenden.

Andere Fußstützen

Anstelle der Betonstützen können auch Stützen aus Ziegelsteinen aufgemauert werden. Hier ist aber ein kleines Fundament erforderlich. Nach dem Aufmauern der Steine sind die Fugen sofort auszufugen und, was ganz wichtig ist, das Mauerwerk ist sofort gründlich von allen Mörtelresten zu reinigen. Später ließ sich der Mörtel nur noch sehr schwer entfernen. Die sauberen, hellen Fugen und die dunklen Steine bestimmen weitgehend das Bild dieser Bank. Anstelle des aufgemauerten Ziegelmauerwerks können auch unregelmäßig geformte Bruchsteine verwendet werden.

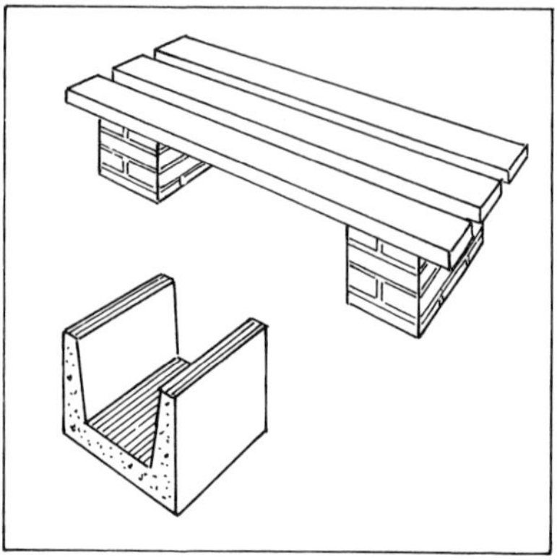

Bank mit aufgemauerten Stützen. An die Stelle der Ziegel sind auch Betonelemente möglich.

Auch auf den bekannten U-Steinen läßt sich recht gut ein Sitzrost aufschrauben. Hier ist auch wieder ein Fundament zu schaffen, damit diese schweren Steine in ihrer Lage bleiben.

Eine besondere Bank

Dieser Bank aus den schon bekannten Betonfußstützen und schweren gehobelten Balken sieht man das Besondere nur oberflächlich betrachtet zunächst gar nicht an. Die mit sogenannten Gewindestäben zusammengeschraubte Sitzfläche ist mit kräftigen Scharnieren an die Stützelemente angeschlagen. Wird die Bank nicht benutzt, kann die Sitzfläche ganz einfach hochgeklappt werden. Regenwasser kann sich so auf der Sitzfläche nicht sammeln. Man kann mit einer trockenen Sitzmöglichkeit rechnen. Zum Höhenausgleich des Scharniers ist im

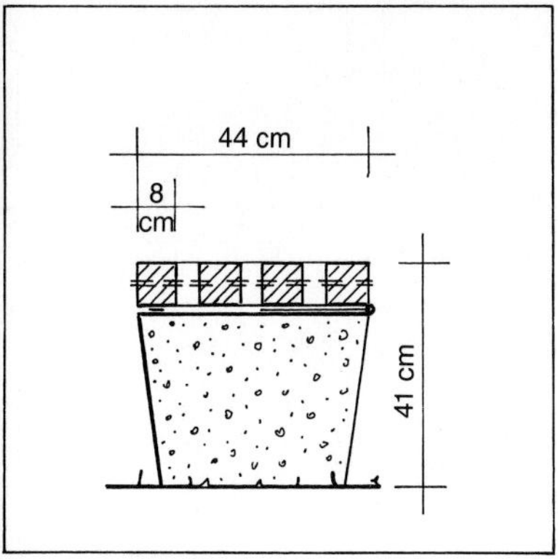

2

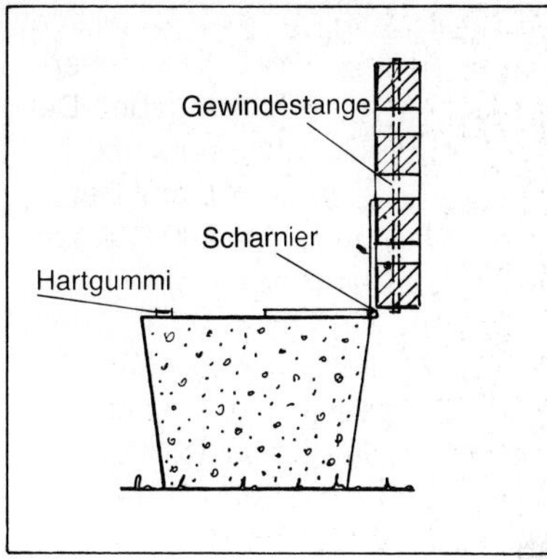

3

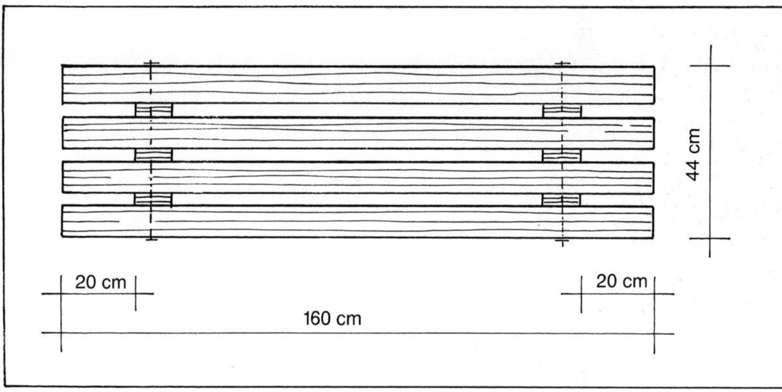

1 Seitenansicht einer Bank. Die Sitzfläche besteht aus 4 Balken.

2 Die Sitzfläche ist mit kräftigen Scharnieren an den Stützböcken angeschraubt.

3 Draufsicht auf die Sitzfläche. Alle sichtbaren Flächen und Kanten sind sauber zu schleifen.

4 Die fertige Bank. Ob die Sitzfläche aus dicken Balken oder flachen Bohlen besteht, spielt keine Rolle. Im vorderen Bereich ein Gummipuffer.

4

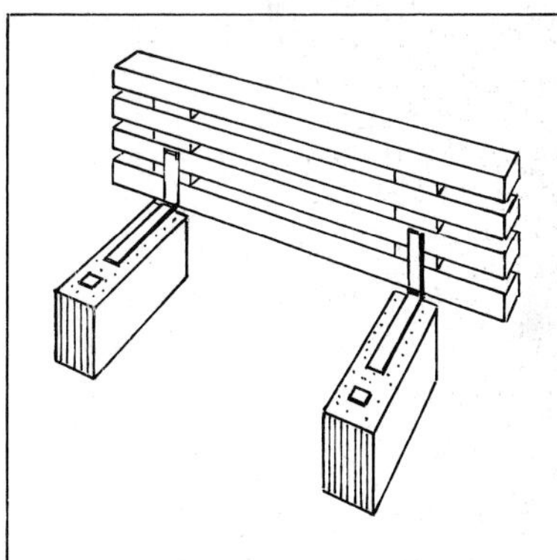

vorderen Bereich eine entsprechend starke Hartgummischeibe aufgeklebt worden. Wenn man nichts anderes bekommt, kann dieses Stück auch aus einem alten Autoreifen herausgeschnitten werden. Die angesprochenen Gewindestäbe bestehen aus einem Metallstab mit einem beidseitigen längeren Gewinde. Sie werden durch alle Hölzer der Bank gesteckt, nachdem vorher die entsprechenden Löcher gebohrt wurden. Dann wird von beiden Seiten eine Mutter aufgesteckt und die Schrauben angezogen. So entsteht eine sehr feste Verbindung aller Teile. Die genaue Länge der Stäbe ist vorher festzulegen. Zwischen den einzelnen Balken befinden sich Distanzhölzer.

Kleine Treppe oder Etagere

Diese kleine Treppe wird wohl nicht für jedes Haus benötigt. Sollte aber aus irgendwelchen Gründen das Fundament des Hauses doch etwas höher liegen als der Erdboden, so kommt dann schon recht schnell ein Höhenunterschied von 20 cm zusammen. Sicher kann man eine Stufe auch schnell aus Steinen und Platten herstellen, die kleine Treppe kann aber auch als Blumenetagere dienen. In diesem Fall sollte man aber noch eine Stufe mehr vorsehen. Die Höhen-, Breiten- und Tiefenmaße richten sich nach den vorhandenen Pflanzenbehältern. Die Steigungshöhe für eine Treppe ist hier mit 16 cm und die Auftrittstiefe mit 30 cm angenommen. Die Breite wird nach eigenem Ermessen festgelegt. Aus einem 28 cm breiten und 50 cm langem Brettstück wird eine Ecke ausgeschnitten und auf das verbleibende obere Teilstück sowie in den Ausschnitt eine Stufe geschraubt. Um eine bessere Quersteifigkeit zu bekommen, wird an der Rückseite noch ein zusätzliches Brett aufgeschraubt. Für die Etagere werden, wie schon angedeutet, schmalere Auflagebretter verwendet. Auch die angegebene Stärke der Bretter muß nicht eingehalten werden – es kommt auf die Belastung an.

Bretterrost als praktische Sitzgelegenheit.

Kleine Treppe oder Pflanzenetagere. Gesamt-, Vorder- und Seitenansicht.

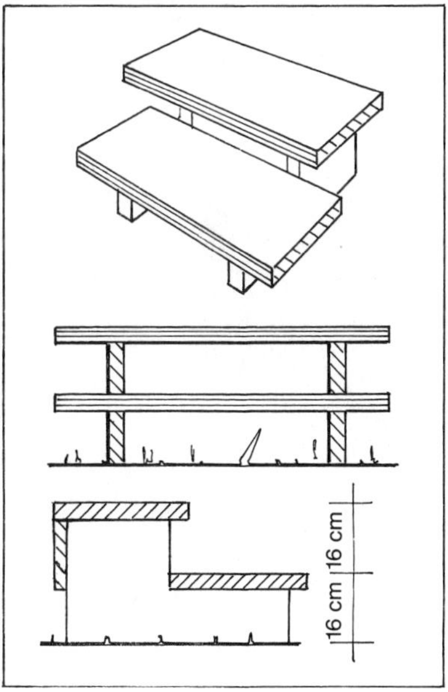

Stützen und Haltevorrichtungen für Pflanzen

Nachdem die zusätzlichen oder ergänzenden Arbeiten innerhalb und außerhalb des Hauses geschildert und die Herstellung doch zumindest angedeutet wurde, bleibt immer noch viel Arbeit im Außenbereich übrig. Mit diesen Arbeiten soll die Umgebung des Hauses abgerundet werden. Das Haus bleibt der Mittelpunkt, alles andere soll den Aufenthalt am Haus besonders angenehm machen. Selbstverständlich muß nicht alles gebaut und angelegt werden, was nachstehend vorgeschlagen wird, aber das eine oder andere wird sicher nützlich sein. Zuerst soll an die Pflanzen gedacht werden, die unsere nähere Umgebung bestimmen und manchmal auch abgrenzen. Zu einigen Pflanzen wird später noch etwas gesagt. Abgesehen von den Wurzelkletterern, die aus mancherlei Gründen nicht so sehr zu empfehlen sind, brauchen alle anderen Klettergehölze und die einjährigen Kletterpflanzen Stütz- und Haltevorrichtungen. Diese Gerüste sollten eine gute Stabilität aufweisen, denn nach einigen Jahren, wenn die Gehölze das Gerüst überwuchern, ist die Belastung sehr groß. Eine freistehende, grüne Wand sieht zwar sehr schön aus, erfordert aber ein sehr kräftiges Klettergerüst. Eine zu einem Klettergerüst umfunktionierte Pergola oder ein Laubengang eignet sich wegen der größeren Holzdimensionen besonders gut für diese Vorhaben. Ansonsten ist eine Hauswand, vor der ein entsprechendes Gerüst aufgebaut ist, der ideale Platz. Man sollte nur daran denken, daß eine Hauswand und ein Gerüst, ganz gleich, ob es aus Holz oder Metall besteht, in gewissen Zeitabständen gepflegt werden muß. Dies bedeutet, ein Holzhaus und ein Haus, das verputzt ist, muß nun einmal gestrichen werden. Nebenbei bemerkt, auch ein verklinkertes Haus sollte gelegentlich einmal eine Fassadenreinigung bekommen. Wenn man dann das Rankgerüst einschließlich der Ranken und Triebe von der Hauswand abnehmen kann, ohne die Pflanzen zu beschädigen, ist man fein heraus. In den meisten Fällen wird es aber erst zu einem recht kräftigen Rückschnitt kommen müssen, ehe man den Bewuchs und das Rankgerüst von der Hauswand entfernen kann. Dies ist sicher sehr ärgerlich, denn erst nach 5–6 Jahren haben sich die Gehölze so richtig entwickelt.

Eine zusätzliche Farbe wertet das Haus auf.

Welches Rankgerüst ist richtig?
Bei dieser Frage sollte man sich selbstverständlich an den Pflanzen und deren Eigenarten orientieren. Es kommt also nicht in erster Linie darauf an, ein schönes Gerüst zu erstellen, sondern eine Haltevorrichtung, welche die Pflanzen wirksam unterstützt. So ist beispielsweise eine Vorrichtung aus säge-

Auch ein Zaun eignet sich als hervorragendes Rankgerüst.

Aufwendig gebautes Rankgerüst, welches aber sicher bald überwuchert ist.

schnittrauhen Dachlatten oder anderen Hölzern besser als ein Gestell aus glattgehobelten Hölzern. An der rauhen Holzoberfläche finden die Pflanzen ganz einfach einen besseren Halt. Neben den Holzgerüsten haben sich Baustahlmatten eventuell mit Kunststoff überzogen recht gut bewährt, wenn sie nur nicht zu glatt sind. Spanndrähte an der Wand eignen sich nicht so gut für die wildwuchernden Triebe, sondern sind besser für Spalierbäume geeignet. Hier kommt es ja mehr auf eine exakte Führung der Äste an, vor allem ist nur ein Trieb zu führen und nicht ein Gewirr von unterschiedlich langen Trieben. Es bieten sich eine ganze Reihe von Lösungen an, natürlich auch solche, die man selber anfertigen und montieren kann. Eine Bemerkung noch zum Wandabstand. Damit sich die Pflanzen auch noch hinter dem Gerüst entwickeln und bewegen können, wird ein Wandabstand von 15–20 cm vorgeschlagen. Will man den Bewuchs etwas bremsen, geht man halt dichter an die Wand heran.

Pergolawand aus vorgefertigten Teilen

Viele der Hauslieferanten bieten neben vielen anderen Teilen und Artikeln aus Holz, auch das vorgearbeitete Material für Pergolen an. Wenn hier vom vorgearbeiteten Holz gesprochen wird, so bedeutet das, daß alle scharfen Kanten der Hölzer schon gebrochen oder leicht abgerundet sind. Ebenso sind eventuelle Einkerbungen oder Schrägschnitte oder sonstige Ausbildungen der Kopfenden schon ausgeführt. Wenn man mit den angebotenen Normlängen nicht auskommt, ist von der nächst größeren Länge einfach etwas abzuschneiden. Sonst ist nur

Voll bewachsene Pergolaanlage.

noch die Montage durchzuführen. Alles, was zur Ergänzung und Erweiterung denkbar ist, wird ebenfalls angeboten. Man denke in diesem Zusammenhang nur an Sichtschutzwände oder Rankgitter. Montagehilfen, Ankereisen, Schrauben, eben alles was benötigt wird, sind im Angebot enthalten.

Selbstgebaute Pergola

Bei diesen tollen Angeboten fällt es schon schwer, eine Pergola noch selber herzustellen. Die in Eigenbau hergestellten Pergolen sind sehr oft etwas kräftiger, was die Holzquerschnitte betrifft. Das hat nichts mit Stabilitätsfragen zu tun, sondern hier entscheiden ausschließlich optische Gründe. Es sieht ja nichts schlimmer aus, als eine Pergolawand aus zu schwach wirkenden Hölzern. Der Preis spielt natürlich auch eine Rolle, denn Balken mit größeren Querschnitten sind nun einmal teurer. Wenn man an den Selbstbau herangeht, sollte diese Frage zweitrangig sein, denn man baut nur einmal und sieht seine Anlage jeden Tag.

Bezüglich der Längenmaße und der Abstände der einzelnen Querhölzer oder Reiter zueinander kann man sich an den Fabrikerzeugnissen orientieren. Ansonsten darf alles etwas kräftiger ausfallen. Die senkrechten Pfosten sollten mindestens 10 × 10 cm stark sein. Auch der Längsbalken braucht diesen Querschnitt. Für die kleineren Querhölzer oder Reiter reicht ein Maß von 6 × 10 cm. Anstelle des Längsbalkens, der auf dem Pfosten befestigt wird, können auch 2 Bretter verwendet werden, die jeweils an den beiden Seiten des Balkens angeschraubt werden. Diese Bretter haben die Maße von 3 × 10 cm. Der Einzelbalken wird in die Pfosten eingezapft, während die Bretter an den Pfosten gedübelt oder geschraubt werden. Auch die Reiter werden aufgedübelt oder mit verzinkten Winkeln befestigt. Ob sie zusätzlich in der Mitte auch ausgeklinkt werden und auf den Längsbalken gesetzt werden, kann man wieder einmal selbst entscheiden. Das gilt auch für die Gestaltung der Kopfenden der einzelnen Hölzer.

Schnell gebautes Rankgerüst

Schraubt man an die Pfosten noch einige waagrechte Dachlatten, hat man ganz schnell ein Rankgerüst geschaffen. Für nicht so stark wuchernde Gehölze tun es auch einige stramm gespannte Drähte. Ein Drahtgeflecht oder Metallgitter erfüllt die gleichen Dienste. Man sieht schon an dieser Aufzählung, wieviel machbar ist.

Übereck gebaute Pergola

Mit einer Pergola, dicht bewachsen, kann man sich einen schönen wind- und sichtgeschützten Innenhof schaffen. Die Herstellung und die Holzdimensionen ändern sich nicht. Durch die Querverbindungen wird die Anlage in sich noch stabiler. Wie die Eckverbindungen ausgeführt werden, kann man als Selbermacher auch wieder selbst bestimmen. Großartige Konstruktionen sind nicht erforderlich. Nur mit den Reitern muß man im Eckbereich etwas aufpassen, denn wenn man sie zu sehr an das Ende setzt, stoßen sie zusammen. Was die Einteilung dieser Querstücke betrifft, ist es schon richtig, wenn Sie eine Skizze anfertigen, auf der auch die genaue Einteilung ausprobiert wird.

Pergola mit Überdachung

Nur einen Schritt weiter ist es, um eine Pergola mit Überdachung zu schaffen. Anstelle der kurzen Reiter werden lange Hölzer, besser Balken über die Anlage gelegt und gut befestigt. Mehr als 3 m große Abstände sollte man nicht vorsehen, da sich die Balken doch so nach und nach durchbiegen. Es sind dann gegebenenfalls zusätzliche Stützen erforderlich oder die Querschnittsmaße sind kräftig heraufzusetzen. Die überdachte Pergolaanlage sollte nicht größer sein als die Dachfläche des Gartenhauses, das immer der Mittelpunkt bleiben sollte.

Besser ist es dann, wenn nur ein Teilbereich mit Plexiglasplatten, sonstigen Wellplatten oder Glas abgedeckt wird. Es soll hier ja praktisch nur ein besserer Regenschutz entstehen. Man denke daran, daß jede lichtdurchlässige Abdeckung

Rankgerüst und Pergola aus kräftigen Rundhölzern.

auch gereinigt und gepflegt werden muß. Was die Befestigung angeht, so sollte man sich von den Lieferanten beraten lassen, denn es gibt für jedes Material auch spezielle Befestigungsmöglichkeiten. Wichtig ist in dieser Hinsicht, daß die Fugenbereiche zwischen den einzelnen Platten dicht sind. Bei der Herstellung der Anlage ist auf die Breiten der Abdeckplatten Rücksicht zu nehmen. Außerdem ist an ein ausreichendes Gefälle zu denken, damit das Regenwasser schneller abläuft. Wenn man an einen größeren Dachvorbau beim Holzhaus gedacht hat, ist eine weitere Überdachung kaum noch erforderlich. Nötig wird sie eventuell nur, wenn der Freisitz in einiger Entfernung vom Haus geplant ist. Was an Platzbedarf für eine Sitzgruppe erforderlich ist, muß vorher überlegt werden.

Pflanzenbehälter

Blumenkastenumrandung
Man mag ja zu den serienmäßig hergestellten Blumenkästen stehen, wie man will, ein zum Haus passender Holzbehälter sieht immer noch besser aus. Im vorliegenden Fall wird allerdings nur eine Umrandung gebaut. Der eigentliche Blumenbehälter besteht aus einem Plastikmaterial und ruht auf 2 Konsolen, die unterhalb der Fensterbank angebracht sind. Die Holzumrandung soll einmal die Plastikwanne verdecken, zweitens aber auch den Inhalt vor einem zu schnellen Austrocknen schützen. Die Hölzer halten die direkt auftreffenden Sonnenstrahlen und die damit verbundene Erwärmung ganz entscheidend ab.
Die Größe der Umrandung richtet sich nach der Größe des Innenbehälters, der in diesem Fall 100 cm lang, 14 cm breit und 14 cm hoch ist. Es gibt unzählig viele andere Maßkombinationen.
Die benötigten Hölzer haben daher nachstehende Maße: 4 Außenbretter sind 104 cm lang und 7 cm breit. Die beiden Kopfstücke sind 16 cm lang und 14 cm breit und der Boden

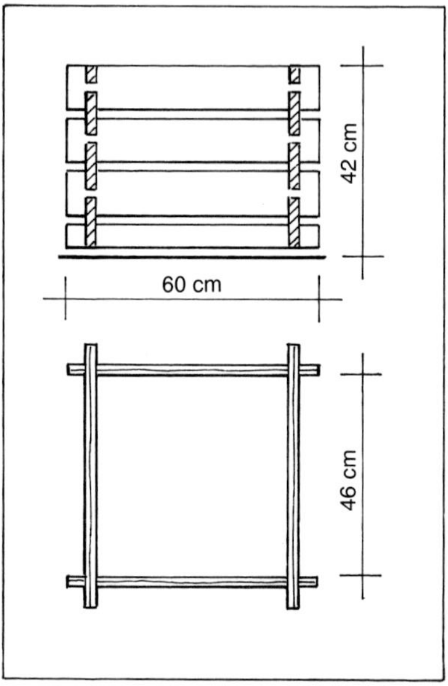

Seitenansicht und Draufsicht eines Steckblumenkastens. Dieser Kasten besteht aus Einzelbrettern.

ist 100 cm lang und 14 cm breit. Alle Bretter sind 2 cm stark und sollten sauber gehobelt sein.
Die Kopfstücke werden an den Boden genagelt. Dann werden die Außenbretter an den Boden und weiter an den Kopfstücken angebracht. Anstelle der 40–45 mm langen Nägel können auch ebenso lange Linsenkopfschrauben aus Messing verwendet werden. Das war es schon. Nachdem alles noch einmal überschliffen und gereinigt wurde, wird das Holz genauso behandelt wie das Holz des Hauses, um die Einheitlichkeit zu betonen.

Steckblumenkübel

Auch Blumenkübel gibt es in unendlich vielen Ausführungen und Materialien zu kaufen. Aber wenn man schon so viele Teile selbst hergestellt hat, sollte man auch diese Kleinigkeiten noch selber bauen. Dieser Behälter besteht aus Brettern, die zusammen gesteckt werden. Man beachte, daß insgesamt 4 Bretter schmaler sind. Die Einkerbungen sind immer 5 cm von den Brettenden entfernt vorzunehmen. Die Breite der Einkerbungen richtet sich nach der Holzstärke. Sie ist hier mit 2 cm angenommen. An den unteren, breiteren Brettern ist eine 5 cm breite Sockelleiste angeleimt und angenagelt worden. Auf dieser Leiste liegt der Boden auf. Die Lei-

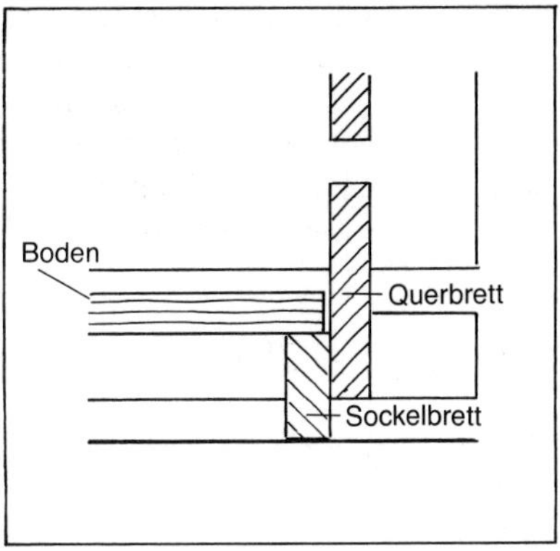

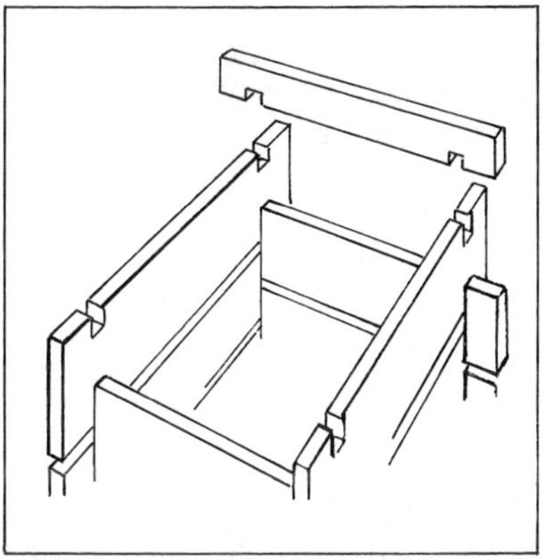

Die einzelnen Bretter werden entsprechend eingekerbt, ehe sie ineinandergesteckt werden.

Damit der Kasten nicht auf dem Boden aufliegt, sind an 2 Seiten Sockelleisten an den Brettern befestigt, auf denen der Boden liegt.

Material-Liste: Steckblumenkübel

Nr.	Bezeichnung	Material	Abmessungen in mm	Anzahl
1	Seitenbretter	20 mm Fichte	600 × 100	6
2	Seitenbretter	20 mm Fichte	600 × 40	4
3	Sockelleiste	20 mm Fichte	460 × 50	2
4	Bodenplatte	20 mm Fichte	460 × 460	1

Weiter werden benötigt: Leim, einige Nägel 35 mm lang und Material für die Oberflächenbehandlung. Dazu dann noch Folie für die Auskleidung. Die Bodenplatte wird aus mehreren Brettstücken zusammengesetzt.

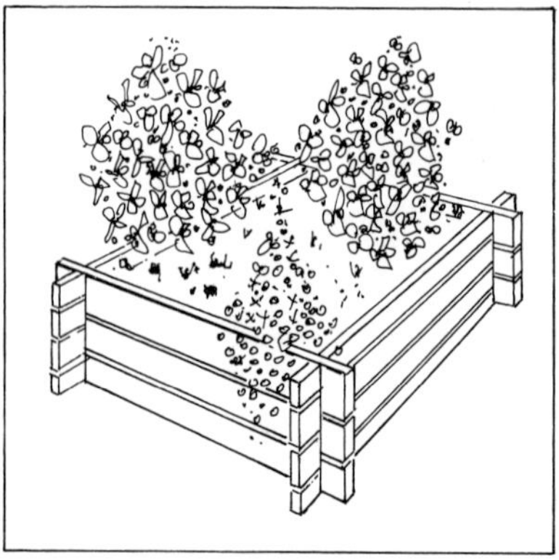

So könnte der fertig bepflanzte Kasten einmal aussehen. Damit die Erde nicht herausfällt, muß eine Folie eingelegt werden.

ste ist so anzubringen, daß der ganze Kasten, Behälter oder die Umrandung, wie immer man dieses Erzeugnis nennen möchte, 2 cm freisteht. Die sichtbaren Bretter sollen nicht auf dem Erdboden aufliegen. So wird eine vom Erd- oder Steinboden ausgehende Holzdurchfeuchtung weitgehend ausgeschaltet. Die Auskerbungen sind immer nur 2 cm tief auszuführen. Im eigenen Interesse sollte sorgfältig und paßgenau gearbeitet werden. Zwischen den einzelnen Brettern bleibt eine Fuge von ebenfalls 2 cm. Aus diesem Grunde muß der Behälter mit Folie ausgekleidet werden, damit die Erde nicht zwischen den Fugen herausfällt. Solch ein Behälter könnte auch um ein Wasserfaß herumgebaut werden. Dann muß auf die entsprechenden Maße Rücksicht genommen werden.

Blumenkasten mit Rankgitter

Dieser nicht alltägliche Spezialblumenkasten besteht aus dem eigentlichen Blumenkasten oder nur einer Behälterumrandung, dem Haltegestell und dem Rankgitter. Wie man den Maßen in der Material-Liste entnehmen kann, ist hier nicht der übliche kleine Blumenkasten zu bauen, sondern der Behälter ist immerhin 30 cm breit und 30 cm tief. Hier finden also auch Pflanzen, die etwas stärker wachsen, als man sonst gewohnt ist, das nötige Erdreich und das Nahrungsangebot. Aus diesem Grunde ist auch das Rankgitter vorgesehen. Zwar gibt es Lösungen bei denen das Gitter im Erdreich des Behälters verankert ist, diese Ausführung ist aber sicher dauerhafter. In voller Blüte und hochberankt wird dies ein echter Blickpunkt auf der Terrasse. Ein weiterer Vorteil ist darin zu sehen, daß der Kasten nicht unmittelbar auf dem Steinboden aufliegt, sondern etwas frei schwebt.

Der Kasten wird wie üblich gebaut. Eine Ausführung nur mit anderen Maßen ist ja schon für die Fensterbank des Hauses vorgestellt worden. Die Kopfstücke werden an den Boden genagelt und die Seitenbretter wiederum an den Boden und die Kopfstücke. Bei diesem großen Kasten kann es vorkommen, daß die Seitenbretter sich durch den Druck des Erdreichs auseinander biegen. In diesem Fall sollte man sie durch kurze Spanndrähte zusammenzie-

Innenhof mit schwerem Mühlstein. ▷

Pflanzen am Haus

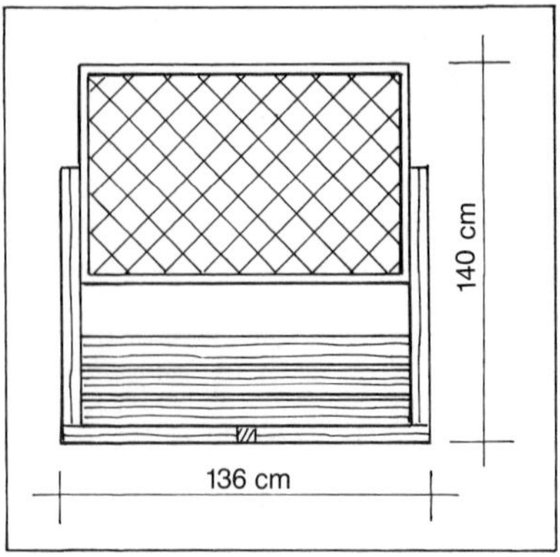

Blumenkasten mit Rankgitter.

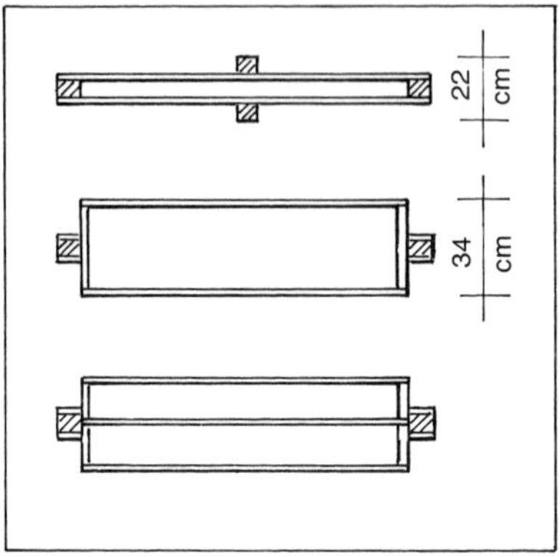

Grundrißzeichnungen.

Material-Liste: Blumenkasten mit Rankgitter

Nr.	Bezeichnung	Material	Abmessungen in mm	Anzahl
Blumenkasten				
1	Seitenbretter	20 mm Fichte	1240 × 80	6
2	Kopfplatten	20 mm Fichte	300 × 300	2
3	Bodenplatte	20 mm Fichte	1200 × 300	1
Halterung				
4	Seitenbretter	20 mm Fichte	1360 × 60	2
5	Stützen	60 mm Fichte	1000 × 60	2
6	Klötze	60 mm Fichte	60 × 60	2
Rahmen				
7	Aufrechte Riegel	25 mm Fichte	800 × 40	2
8	Waagrechte Riegel	25 mm Fichte	1190 × 40	2
9	Rankgitter	Maschendraht	1240 × 800	1

Weiter werden benötigt: Nägel oder Schrauben 40 mm lang, Nägel oder Krampen für die Drahtbefestigung, Leim und Material für die Oberflächenbehandlung.

hen. Mit kurzen Krampen wird ein Draht an den Brettinnenseiten befestigt und gespannt. Die Bretter sollen dabei aber nicht nach innen gezogen werden. Ist die Erde eingefüllt, sieht man den Draht nicht. Er stört nur bei der Pflanzung, wenn ausgerechnet an dieser Stelle eine Pflanze eingegraben wird. Bei kürzeren Kästen ist eine solche Sicherungsmaßnahme nicht erforderlich.
Das Haltegestell ist ebenfalls sehr schnell zusammengebaut. An die beiden Stützen werden 2 Seitenbretter geschraubt oder genagelt. Auf diesen Brettern ruht später der Blumenkasten, der so auch eine gewisse optische Bodenfreiheit hat. Damit das ganze Gestell auf keinen Fall zu einer Seite umkippt, sind zusätzlich noch die beiden Halteklötze an den Seitenbrettern anzubringen. Die ganze Breite beträgt jetzt 22 cm. Die Klötze, es können auch noch zwei mehr sein, werden von der Innenseite her an die Bretter geschraubt. Diese Arbeit wird vor dem Zusammenbau erledigt.
Der Gitterrahmen wird ebenfalls zusammengeschraubt. Wenn man es ganz schick machen will, dübelt und leimt man die Verbindungen. Auch aufgenagelte Dreieckslaschen können die Ecken sicher zusammenhalten. Nachdem der gewünschte Anstrich erfolgt ist, kann ein großmaschiges Drahtgitter mit kleinen Krampen aufgenagelt werden. Anschließend wird der Rahmen zwischen die Stützen geschraubt.

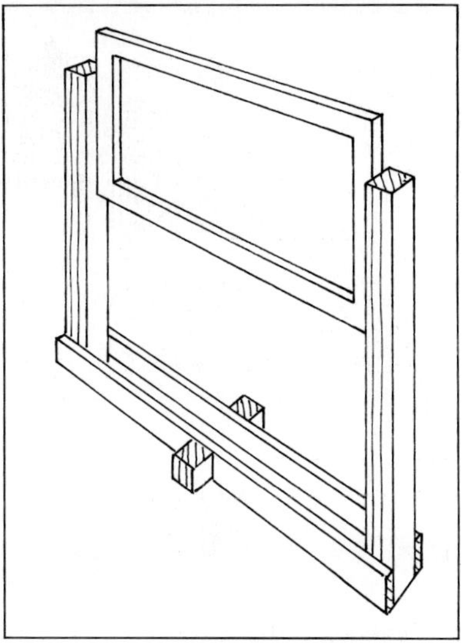

Hier wird schon deutlicher, wie alle Teile zusammengebaut werden.

Der fertige Blumenkasten mit dem Rankgitter.

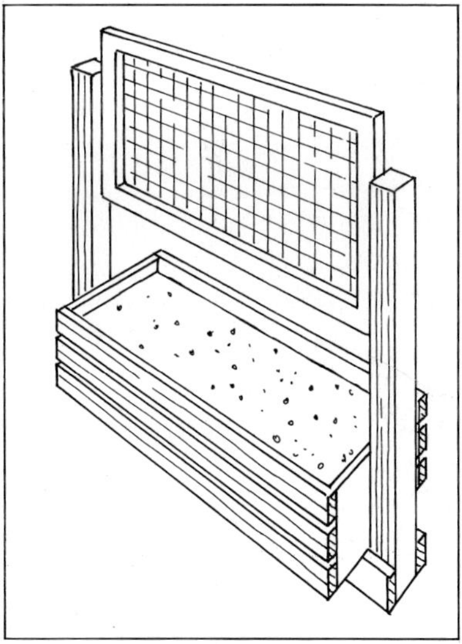

Klettergehölze und grüne Wände

Klettergehölze sind Pflanzen, deren oft lange und dünne Triebe sich in den meisten Fällen nicht selbst aufrecht halten können. Sie brauchen Haltegerüste oder sonstige Hilfen. Rankpflanzen halten sich mit Hilfe von Haftwurzeln, Ranken oder Dornen an den schon genannten Stützgerüsten oder Wänden fest. Ebenso finden sie Halt, indem sie sich durch spiralförmiges Umwinden von Drähten, Stäben oder Trieben und Ästen anderer Pflanzen dem Licht entgegenwinden. Neben reinen Blattpflanzen sind blühende und sogar fruchttragende Kletterpflanzen bekannt. In der Regel wachsen sie recht schnell, ohne größere Ansprüche an den Boden zu stellen.

Über dem Gartentor ein mächtig überwuchertes Rankgerüst.

Rankpflanzen Rankpflanzen (z. B. *Clematis,* Wein) klammern sich mit Hilfe ihrer besonderen Kletterorgane, den Ranken, an den Stützen fest oder sie besitzen an den Spitzen der Ranken sogenannte Haftscheiben, mit denen sie sich an Wänden usw. festsaugen. Diese Haftscheiben, sind für die Begrünung von Holzwänden natürlich nicht so angenehm, da das Holz von Zeit zu Zeit gepflegt werden muß, und die Berankung dann zu entfernen ist, was nicht ohne Schäden abgeht. Dies gilt im gewissen Sinne auch für Pergolen und Rankgerüste, wie man sich leicht vorstellen kann.

Ein grünes Gartenhaus.

Schlinger oder Windepflanzen
Diese können sich mit ihren dünnen Trieben schraubenförmig an den Stützen emporwinden. Hopfen, Baumwürger und die Geißschlinge sind Schlinger. Haare, Borsten oder warzenförmige Gebilde erleichtern das Festhalten und verhindern ein Herabgleiten der Triebe an zu glatten Hölzern oder Halterungen. Gehobelte Hölzer oder glatte, kunststoffummantelte Gitter sind also nicht so ganz richtig. Andere Pflanzen als Rankhilfen einzusetzen ist auch nicht zu empfehlen, da sie von den Schlingern buchstäblich erdrückt werden.

Ein großes gemauertes Gartenhaus. Die üppige Berankung deckt fast schon die Fenster zu und läßt kaum noch das Haus erkennen.

Wurzelkletterer Sie bilden an den Trieben Haftwurzeln. Efeu, Wilder Wein und die Kletterhortensie gehören in diese Kategorie. Diese Wurzeln verankern sich so fest an Mauern, Steinen oder Holzwänden, daß die Triebe kaum wieder gelöst werden können. Diese Pflanzen sollten möglichst nicht verwendet werden, da der Ärger praktisch vorprogrammiert ist.

Spreizklimmer Diese Gruppe ist auch etwas problematisch, da sie ihre langen Triebe mit Hilfe von Dornen oder Stacheln auf Sträucher oder geeignete Stützen oder Unterlagen auflegen. Hier sind teilweise erhebliche Pflegemaßnahmen erforderlich, wenn man Freude an den durchweg dekorativen Gewächsen (z. B. Kletterrosen, Brombeeren) haben will.

Pflanzung und Pflege
Wenn man von der großblumigen *Clematis* einmal absieht, die im Frühjahr gepflanzt werden soll, können alle anderen Klettergehölze im Herbst oder Frühjahr gepflanzt werden. Da sich die Wurzeln ja ausdehnen wollen, sollte man im Mauer oder Fundamentbereich einen Pflanzabstand von ca. 20 cm lassen. Die Pflanzstelle wird zunächst mit Torf abgedeckt, damit nicht zuviel Sonne, das heißt Wärme, an den Wurzelbereich gelangt. Später sorgen niedrig wachsende Pflanzen oder Unkräuter für den nötigen Schutz. Da die Wärmeabstrahlung von Holz und Steinwänden ganz erheblich ist, ist auch mit stärkeren Verdunstungserscheinungen zu rechnen. Für eine ausreichende Bewässerung, vor allem im Anfangsstadium, ist regelmäßig zu sorgen. Die Triebe werden beizeiten hochgebunden oder an das Rankgerüst herangeführt. Alles andere entwikkelt sich dann von selbst. Durch einen gezielten, manchmal recht kräftigen Schnitt können die überaus kräftig wachsenden Kletterer in die gewünschten Bahnen gelenkt werden.

Gartenhaus mit Reetdach.

Kleine Artenauswahl

Dies ist, wie man sich vorstellen kann, nur eine kleine Auswahl von Rankgewächsen. Sie soll nur darauf hinweisen, daß der unmittelbare Bereich um die Gartenhäuser nicht nur mit Bäumen und Sträuchern abgerundet werden kann, sondern, da sich Pergolen leicht in Rankgerüste verwandeln lassen, auch Rankgehölze in seine Überlegungen einzubeziehen. Will man sich näher mit Rankgehölzen beschäftigen, dann schaue man in die reichlich vorhandene Spezial-Literatur (z. B. Ludwig, Kletterpflanzen, BLV-Verlag). Außerdem steht auch noch der örtliche Gartenbaubetrieb mit Rat und Tat zur Verfügung.

***Clematis,* Waldrebe**

Der botanische Name hat sich bei uns durchgesetzt. Die *Clematis* ist ein Kletterer, laubabwerfend und winterhart. Im Gegensatz zu den Wildarten haben die Hybridenformen sehr große Blüten. Sie sind etwas anspruchsvoller, was die Bodenbedingungen und den Standort sowie die Pflege angeht. Bei der Pflanzung ist zu beachten, daß die Veredlungsstelle 10 cm tief im Pflanzloch verschwinden muß. Die Blüten erscheinen an den vorjährigen Trieben. Die Triebe selbst sind

Oben: *Clematis alpina,* Waldrebe

Unten: *Fallopia,* Schlingknöterich

sehr brüchig. Manchmal hat man den Eindruck, sie seien schon abgestorben.
Bekannt sind mehr als 100 Sorten. Man wird also sicher die richtige Pflanze finden. Eine reine Südseite und zu dichte Anpflanzung an der Hauswand mag die Clematis nicht. Außerdem ist der Wurzelbereich schattig und feucht zu halten. Hält man sich an diese bescheidenen Forderungen, wird man durch eine große Zahl von Blüten entschädigt.

Fallopia (Polygonum),
Schlingknöterich
Dieses Klettergehölz mit seinen langen, recht wirr schlingenden Jahrestrieben eignet sich praktisch nur für größere Spalieranlagen, Pergolen oder Laubengänge. Die laubabwerfenden Triebe müssen angebunden werden. Für diese Arbeit wird man durch eine reiche Blütenpracht entschädigt. Die Blütenrispen mit den vielen kleinen Blütchen entwikkeln sich an den Enden der Seiten- und Endtriebe. Die Blütezeit reicht von Juli bis zum Spätherbst.

Jasminum nudiflorum,
Winterjasmin
Der Jasmin wird zur Gruppe der Kletterer gerechnet. Die bis zu 4 m langen, wenig verzweigten, dunkelgrünen Triebe bilden Büsche, die

Oben: *Jasminum,* Winterjasmin

Unten: *Lonicera,* Geißblatt, Heckenkirsche

Mit Hilfe eines Klettergerüstes decken die Kletterrosen ganze Wände zu. Oft ist ein Rückschnitt nötig.

aufgebunden und gestützt werden sollen, denn ohne Rankhilfe geht es nicht. Die Blüten erscheinen im zeitigen Frühjahr in bestimmten Lagen sogar im Winter. Die duftenden Blüten sind eine Augenweide und ein Blickpunkt innerhalb des Gartens. Ein manchmal kräftiger Rückschnitt erhöht die Wachstumsfreudigkeit und vor allem den Blütenreichtum.

***Lonicera*, Geißblatt, Heckenkirsche, Jelängerjelieber**

Was die vielen deutschen Namen schon andeuten: von der *Lonicera* gibt es viele Arten, die auch unterschiedlich groß werden und selbstverständlich auch unterschiedlich blühen. Besonders beliebt sind die Pflanzen wegen ihrer duftenden Blüten. Die Heckenkirsche kann man fast als Dauerblüher bezeichnen. Viele Blüten sind mehrfarbig. Es wird ein halbschattiger, nicht zu trockener Boden gewünscht. Ein kräftiger Rückschnitt wird ebenfalls gut verkraftet.

***Rosa*, Kletterrosen**

Was soll man zu den Kletterrosen noch viel sagen. Neben der dichten Begrünung verschönt man die nähere Umgebung durch eine riesige Zahl von duftenden und in verschiedenen Farben leuchtenden Blüten. Die Dornen muß man allerdings in Kauf nehmen.

Was den Standort angeht, so sollte man eine ausgesprochene Südlage vermeiden, ansonsten wird ein heller Platz bevorzugt. Die Triebe müssen aufgebunden werden, was bedeutet, daß an glatten Wänden Rankhilfen benötigt werden. Der Blütenreichtum erfordert, wie man sich denken kann, höhere Nährstoffgaben. Was den Schnitt betrifft, so werden Kletterrosen nur ausgelichtet. Nach Jahren ist auch einmal ein kräftiger Rückschnitt angebracht.

Ipomea, Prunkwinde

Rankende Einjahresblumen

Unter den sogenannten Einjahresblumen gibt es Ranker, die bis zu 5 m hoch wachsen. Das reicht immerhin aus, um eine Pergola oder eine Gartenlaube dicht zu begrünen. Dazu kommt dann noch die meist reiche Blütenfülle. Gute Bodenverhältnisse sind Voraussetzung für diese Leistungen.

***Cobaea scandens,* Glockenrebe**
Die Glockenrebe ist gleich das erste Exemplar, welches Triebe entwickelt, die bis zu 5 m lang werden. Dabei bleibt es nicht bei Einzeltrieben, denn die Pflanze überdeckt in kurzer Zeit größere Flächen. Bedingung ist natürlich ein von der Sonne erreichbarer Standort und ein nährstoffreicher Boden. Von Mitte des Jahres bis in den frühen Herbst sollte wöchentlich gedüngt werden und, wenn nötig, auch die Wasserzufuhr reichlich bemessen sein. Die Blühzeit erstreckt sich von Juli bis September. Die Blüte erstrahlt in Weinrot oder Blauviolett. Ausgesät wird im März im Kleingewächshaus oder in Töpfen, die an einem hellen Standort in der Wohnung oder im Gewächshaus stehen. Ausgepflanzt wird ab Mitte Mai.

Oben: *Cobea scandens,* Glockenrebe. Schöne Pergola.

Unten: *Humulus scandens,* Japanischer Hopfen

Humulus scandens,
Japanischer Hopfen
Ebenfalls eine rasch wachsende Pflanze, die sich mehr für eine Wandbegrünung eignet, da die Blüten doch etwas bescheiden ausfallen. Zwei Arten eignen sich für die Berankung. Da ist einmal die grünblättrige Art und dann die etwas niedriger bleibende mit den weißgescheckten Blättern. Die letztere braucht pralle Sonne, während der grüne Hopfen fast an jedem Platz gedeiht. Auch hier ist ein Rankgitter erforderlich. Die Blätter fallen beim ersten Frost ab. Ausgesät werden die Samen im März, ebenfalls in Töpfen oder Schalen, die einen bevorzugten warmen Standort erhalten.

Ipomea, Prunkwinde

***Ipomoea,* Prunkwinde**
Dieser Schlinger wächst sehr schnell und erreicht eine Höhe von 2–3 m. Die besten Standorte sind warme und von der Sonne erreichbare Wände. Rankhilfen sind auch hier wieder erforderlich. Die trichterförmigen Blüten der Prunkwinde sind weiß, leuchtend purpurrot, weinrot und blau. Die Blütezeit reicht von Juni bis September. Wie bei allen kräftigen Blühern werden ausreichende Düngergaben und viel Wasser benötigt. Von nichts kommt halt nichts, wenn man einer alten Gärtnerweisheit glauben soll. Abgestorbene Blüten sind zu entfernen, will man eine gepflegte und ordentlich aussehende Rankwand haben.

***Phaseolus coccineus,* Feuerbohne**
Ein Rankgewächs als Zier und Nutzpflanze. Damit sich diese sogenannte Stangenbohne entwickeln kann, sind entweder Stangen oder ein Rankgerüst erforderlich. Wie so ein Stangengerüst aussieht, kann man in jeder Kleingartenanlage sehen. Die Bohnen wachsen sehr schnell, so daß auch in kurzer Zeit eine dichte grüne Wand mit scharlachroten Blüten entsteht. Die volle Sonne wird gut vertragen. Es ist mit guten Ernteerträgen zu rechnen. Nach der Ernte, etwa im September fallen die Blätter und die Pflanze stirbt ab. Die Samen werden an Ort und Stelle ausgelegt.

Fruchthecken

Brombeeren

Brombeeren, die an einer Wand oder an einem Spalier gezogen werden sollen, werden mit einem Abstand von 2–3 m, besser noch etwas mehr, gepflanzt. Auch wenn man Brombeeren einzeln auspflanzt, muß für ein Haltegerüst gesorgt werden. Der Wuchs muß überwacht werden. So sollen nur die kräftigsten Triebe angebunden werden. Nach der Ernte, die immer reichlich ausfällt, werden die alten Ruten entfernt und die neuen an ihre Stelle gebunden. Wie man die einzelnen Ruten an dem bis zu 2 m hohen Rankgerüst sortiert und bindet, bleibt jedem selbst überlassen. Höher sollte man die Ranken nicht festmachen.

Himbeeren

Auch eine Himbeerhecke kann neben dem Nutzen als Obstlieferant auch noch Sichtschutzaufgaben übernehmen. Die einzelnen Ruten sollen an längsgespannten Drähten angebunden werden, da ein Rankgerüst aus Holz doch zu mächtig neben den schwachen Ruten aussehen würde. Himbeeren treiben unterirdische Ausläufer. Die Pflege ist ähnlich wie bei den Brombeeren.

Oben: *Phaseolus,* Feuerbohne

Unten: Brombeere

Ein eigenwilliges »Sommer«-Gartenhaus. ▷

Bezugsquellen

Bartscher Holzhausbau
Postfach 45
4787 Geseke

A. Conrads Holzbau
Industriestr. 13
5190 Stolberg-Mausbach

Gaidt-Blockhäuser GmbH
Hans-Sachs-Str. 14
4010 Hilden

Haaner Gartenhaus
Holzbau Rosenthal
Dieselstr. 1
5657 Haan 1

Herkules Gerätebau
Osthues & Bahlmann
Postfach 2270
4740 Oelde

Hunsrücker Holzhausbau GmbH
Postfach
5449 Bell/Leideneck

Kisten Woll KG
Schwarzwaldstr.
7530 Pforzheim

Köster Holz
Messumerstr. 191
4440 Rheine-Hausenhorst

Kranenberg
Block- und Holzfertigbau
5226 Reichsdorf-Mittelagger

G. Kübler
Säge- und Zaunwerk
Postfach
7969 Amtzell-Winkelmühle

W. Küppers Holzbau
Industriestr.
5102 Würselen

Normstahlwerk
Normstahlstr. 82
8052 Moosburg/Isar

Ostermann + Scheiwe
Hafenweg 31
4400 Münster/Westf.

Polo-Gartenhäuser
Holzbau Schneider GmbH
Gewerbestr. 3
5632 Wermelskirchen 1

Salzberger Landhausbau
Otto Heußner GmbH
6431 Neuenstein-Aua

Selbstbau OX
Maschmühlenweg
3400 Göttingen

Steinhauer Fertigbauten
Postfach 209
5208 Eitorf

Tögel Gartenhäuser
Postfach
7114 Pfedelbach-Renzen

Weisstahlwerk
Postfach
5901 Wilnsdorf 2

Westerwälder Blockhäuser
Kretz KG
Industriestr.
6343 Frohnhausen

Zimmermann Zäune GmbH
7405 Dettenhausen

Register

Register

Gute Ideen für Ihren Garten – von BLV

BLV Gartenberater

Wolfram Franke

Gartenanlage Schritt für Schritt

Von der Baustelle zum blühenden Garten: Praxisgerechte Anleitungen für Plan-Erstellung, Vermessen, Bodenbearbeitung, Pflanzung und Pflege und viele Tips zum Bau von Teich, Terrasse, Wegen, Pergola u.a.

183 Seiten, 83 Farbfotos, 144 s/w-Fotos, 24 Zeichnungen

BLV Gartenberater

Peter Hans Nengelken

Wintergärten und Überdachungen

Planung und Bau von Wintergärten und Terrassenüberdachungen: gesetzliche Vorschriften, Standortwahl, Material, Montageanleitungen, Inneneinrichtung, Klimaregelung, Auswahl geeigneter Pflanzen.

143 Seiten, 62 Farbfotos, 6 s/w-Fotos, 116 Zeichnungen

BLV Garten- und Blumenpraxis 331

Karl Ludwig

Kletterpflanzen

Kletterpflanzen für die Begrünung von Hauswänden, Pergolen und Rankgerüsten: Pflanzenporträts, Standort, Kletterhilfen, Pflanzung und Pflege.

127 Seiten, 64 Farbfotos, 2 s/w-Fotos, 9 Zeichnungen

BLV Garten- und Blumenpraxis 337

Reinhold Kaub

Der liebe Nachbar

Rechtsfälle rund um Garten und Grundstück: Rechtsverhältnisse, Konfliktverhinderung und gütliche Einigung, klassische und neue Fälle und Urteile, neue Umweltschutz-Aspekte.

128 Seiten, 5 Zeichnungen

BLV Garten- und Blumenpraxis

301 Gartenblumen
302 Gartenarbeit richtig gemacht
303 Kakteen und andere Sukkulenten
304 Bonsai
305 Ziergehölze
306 Obstbaumschnitt
307 Obstanbau im eigenen Garten
308 1×1 der Hydrokultur
309 Blattpflanzen für jede Wohnung
310 Gartengestaltung
311 Gemüseanbau im eigenen Garten
312 Gestalten mit Blüten und Blumen
313 Steingärten
314 Der gesunde Gartenboden
315 Biologischer Pflanzenschutz
316 Balkon- und Terrassengärten
317 Rosen
318 1×1 des Bio-Gärtnerns
319 Der Garten in den Jahreszeiten
320 Der naturgemäße Kräutergarten
321 Der Heidegarten
322 Gärtnern mit Kindern
323 Orchideen für zu Hause
324 Wassergärten
325 Rasen, Wiese, Bodendecker
326 Beerenobst für jeden Garten
327 Gärtnern im Kleingewächshaus
328 Naturnahe Gärten
329 Blumenbeete und Rabatten richtig gestalten
330 Mischkulturen für Flach- und Hügelbeete
331 Kletterpflanzen
332 Die schönsten Kübelpflanzen
333 Hecken für jeden Garten
334 Der Kleingarten
335 Nützlinge und Schädlinge im Garten
336 Grabgestaltung
337 Der liebe Nachbar
338 Mehr Freude an Schnittblumen
339 Gartenhäuser
340 Der Weinstock am Haus
341 Palmen für Haus und Garten